HISTORIA Y DERECHO EN LOS DEBATES DE LAS CONSTITUCIONES DE 1837 Y 1845

Eduardo Galván Rodríguez

Eduardo Galván Rodríguez

HISTORIA Y DERECHO EN LOS DEBATES DE LAS CONSTITUCIONES DE 1837 Y 1845

Este libro ha sido sometido a evaluación por parte de nuestro Consejo Editorial
Para mayor información, véase *www.dykinson.com/quienes_somos*

Editorial DYKINSON, S.L.
Meléndez Valdés, 61 - 28015 Madrid
Teléfono (+34) 915442846 - (+34) 915442869
e-mail: info@dykinson.com
http://www.dykinson.es
http://www.dykinson.com

ISBN: 978-84-1377-209-7
Depósito Legal: M-31142-2020

Preimpresión:
Besing Servicios Gráficos, S.L.
besingsg@gmail.com

ÍNDICE

INTRODUCCIÓN

"Siempre comienzan así los abusos;
poco a poco se van deslizando insensiblemente en los ánimos,
hasta que se apoderan de ellos"
Diputado Argüelles, 4 de abril de 1837.

"Los guardianes de la libertad, como los guardianes de la fe,
acaban siempre apuntando hacia adentro"
León Molina, poeta cubano.

La Constitución Española de 1978 acoge algunos elementos histórico-jurídicos en varias disposiciones de su articulado. Los efectos prácticos generados por esta realidad no han sido pacíficos, en particular, en lo relativo a la organización territorial del Estado (así, el título VIII, la disposición adicional primera o la disposición transitoria segunda).

Para algunos, este hecho introduce elementos de legitimidad preconstitucionales ajenos al propio texto constitucional. Al incluir tales alusiones histórico-jurídicas, la propia Constitución justificaría la vigencia de teóricas legalidades paralelas preexistentes. Dicho de otro modo, si la Constitución alude a estos elementos histórico-jurídicos, será porque tales realidades normativas preexistentes mantienen su vigor.

Para otros, contemplar elementos histórico-jurídicos en el texto constitucional solo añade un instrumento interpretativo más, en la línea del artículo 3.1 del Código Civil. En tal sentido, la legitimidad de la Constitución queda reducida a la residenciada exclusivamente en la soberanía nacional que reside en el pueblo español (y de la que "emanan los poderes del Estado"), libremente expresada en el referéndum constitucional que con un masivo apoyo favorable dio luz verde a la norma suprema de nuestro ordenamiento jurídico.

Junto a ello, desde hace algún tiempo, surgen algunas voces que abogan por una reforma constitucional, mientras que otras posiciones sostienen la conveniencia de respetar un texto que ha propiciado estabilidad institucional, prosperidad y paz. En este contexto, entendemos de interés aproximarnos a los textos constitucionales de nuestro convulso siglo XIX, aplicar la lupa a los debates que los alumbraron e intentar descubrir qué argumentos histórico-jurídicos fueron utilizados en el seno de la discusión y de qué modo lo fueron; en suma, qué papel jugó la Historia de nuestro Derecho en los debates constituyentes. Quizá pueda aportar algo de luz (histórico-jurídica) a los tiempos "interesantes" que algunos parecen columbrar.

Siendo así, en este trabajo nos interesan sobremanera los tiempos de cambio, los tensos períodos de paso de frontera entre modelos políticos contrapuestos. De ahí que nos centremos en las Constituciones de 1837 y 1845. Ambos textos constitucionales están en el centro del tránsito efectivo entre al Antiguo y el Nuevo Régimen, son elementos cardinales en la lucha entre absolutismo y constitucionalismo en tiempos en que el Estado constitucional aún es cuestionado por los partidarios del absolutismo no solo por medio de la pluma o la oposición parlamentaria, sino también por las armas. Ubicada también en un punto de inflexión temporal, hemos decidido omitir la Constitución de Cádiz, pues ha sido profusamente analizada con ocasión de su bicentenario, fue dictada en unas condiciones bélicas particulares y tuvo escasa vigencia efectiva desde el punto de vista temporal[1]. También la Constitución *non nata* de 1856 (concluida su discusión parlamentaria, no llegó a ser promulgada) y el texto republicano de 1873 (dado que tampoco entró en vigor).

En nuestra modesta opinión, las Constituciones de 1869 y 1876 ya no están elaboradas bajo el peligro de supervivencia del propio Estado constitucional[2]. Ahora el objeto principal de discusión versa sobre cuál es el modelo de Estado constitucional concreto defendido por las distintas opciones políticas en liza, pero no sobre la vigencia del mismo Estado constitucional. El literal de los proyectos iniciales propuestos a la consideración parlamentaria, así como el sentido general de los debates en ambos procesos ya no acude a los antecedentes del Antiguo Régimen (ni para defenderlos, ni para atacarlos), sino a los más cercanos, convulsos y vívidos del propio desenvolvimiento constitucional del XIX español.

Nuestro límite temporal en cuanto a la historicidad de los argumentos jurídicos será 1808, fecha convencionalmente admitida como final del Antiguo Régimen en España. Es decir, en el presente trabajo entenderemos por argumentos histórico-jurídicos los que aludan a hechos significativos anteriores a dicha fecha. Junto a ello, es preciso advertir que el

---

[1] Ejemplos de las múltiples aportaciones alumbradas con ocasión del bicentenario gaditano, en la perspectiva más cercana a la Historia del Derecho, pueden ser la obra en tres volúmenes dirigida por J. A. ESCUDERO, *Cortes y Constitución de Cádiz 200 años,* Madrid, 2011; o la dirigida por M. LORENTE y J. M. PORTILLO, *El Momento Gaditano. La Constitución en el orbe hispánico, 1808-1826,* Madrid, 2011. Más bibliografía en http://www.cervantesvirtual.com/portales/constitucion_1812/obra-visor/constitucion-de-cadiz-de-1812-bibliografia--0/html/ (consulta 31 de agosto de 2020); y https://accedacris.ulpgc.es/handle/10553/2142, bibliografía pp. 1513-1581 (consulta 7 de octubre de 2020).

[2] Vid. M. FERNÁNDEZ RODRÍGUEZ, *Hombres desleales cercaron mi lecho. La consolidación jurídico-institucional del Estado liberal (1808-1843),* Valladolid, 2018 (amplia bibliografía disponible en versión digital en pp. 435-473; https://www.academia.edu/37442222/HOMBRES_DESLEALES_CERCARON_MI_LECHO_La_consolidaci%C3%B3n_jur%C3%ADdico_institucional_del_Estado_liberal_1808_1843, consulta 7 de octubre de 2020).

presente trabajo nace con expresa vocación de brevedad (otro de los efectos colaterales de la pandemia). De ahí que hayamos primado la documentación de archivo y que, en la medida de lo posible, las notas remitan al lector interesado a amplios repertorios bibliográficos fácilmente accesibles en la red.

En lugar de realizar una exposición cronológica, hemos optado por una ordenación sistemática de diversas temáticas que han protagonizado la vida constitucional decimonónica. Es curioso observar cómo los textos constitucionales vigentes tras el gaditano (Constituciones de 1837, 1845, 1869 y 1876) presentan prácticamente una estructura casi idéntica que encuentra su reflejo especular en el índice de esta obra. Como dijera el diputado Olózaga, “lo primero es componer la Nación y, considerándola existente, ver cuáles son sus individuos y, después de fijar los derechos inseparables de los ciudadanos (que no pueden restringirse sino por las leyes y que tienen que respetar todos los poderes), tratar de la división de estos, en la cual se sigue el orden cronológico de la formación de las leyes, de su ejecución y, por último, de su aplicación a los casos particulares”[3]. Analizaremos qué papel han tenido los argumentos histórico-jurídicos en el debate constituyente de estas cuestiones.

Un último aviso. Deseamos que nuestra labor quede circunscrita a compartir argumentos expuestos y utilizados por otros. Nos abstendremos de actuar como censores de lo que digan. Es evidente que hoy conocemos que muchas de las afirmaciones sostenidas por los diputados son incorrectas, no obedecen a la realidad histórica. Pero no es misión de este trabajo desvelar tales inexactitudes. Lo que nos interesa es acompañar al lector en su viaje cerca de los argumentos histórico-jurídicos utilizados por los parlamentarios constituyentes, no ejercer de censor hoy de palabras del ayer. Para eso ya estaba el propio debate. Los contendientes pueden explanar los hechos y las

[3] Diario de Sesiones de las Cortes Constituyentes (en lo sucesivo, DSCC), 13 de marzo de 1837, 2114. Los diarios de sesiones están disponibles en https://app.congreso.es/est_sesiones/. Las Constituciones lo están en https://app.congreso.es/consti/otras/historicas/index.htm (consulta 5 de febrero de 2020).

razones que abonan o rebatir lo alegado por sus contrincantes. A ellos corresponde hacerlo. Y deseamos transportar al lector, que conozca esa realidad del siglo XIX como si estuviera allí; no incordiado por una chocante voz extemporánea del siglo XXI.

Sirvan para iniciar nuestro viaje las palabras del universal Galdós en el *Episodio Nacional* dedicado a Cánovas[4]. Don Benito nos cuenta que estaba el protagonista una tarde en el banco azul del Congreso, fatigado de un "largo y enojoso" debate constituyente, "cuando se le acercaron dos señores de la Comisión para preguntarle cómo redactarían el artículo del Código fundamental que dice: Son españoles los tales y tales... Don Antonio, quitándose y poniéndose los lentes, con aquel guiño característico que expresaba su mal humor ante toda impertinencia, contestó ceceoso: *Pongan ustedes que son españoles... los que no pueden ser otra cosa*". Pues con eso comenzamos, con cierto (buen) humor, tolerancia y con la primera parte que estos textos constitucionales dedican a sus principales destinatarios, los españoles[5].

---

[4] *Vid.* http://www.cervantesvirtual.com/portales/benito_perez_galdos/obra/canovas--0/ (consulta 31 de agosto de 2020).

[5] Los Diarios de Sesiones comprenden cientos de miles de páginas, enormemente farragosas por lo general, lo que hace veraz aquello que preguntara el Ministro de Hacienda, Mon, en sede parlamentaria, un lunes 25 de noviembre de 1844: "¿Cómo es posible que se discuta ley ninguna en el mundo cuando para cada palabra, para cada artículo, para cada párrafo se introducen enmiendas sobre enmiendas?... ¿de qué nos servirán todas las leyes y reglamentos del mundo si a cada momento encontramos un medio para desfigurar, trabar y aun entorpecer la discusión?".

LOS ESPAÑOLES Y SUS DERECHOS

Bajo este epígrafe genérico, los proyectos de Constituciones estudiadas y los debates a que dieron lugar suelen incluir cuestiones más amplias que las que su propio nombre sugiere, desde el propio concepto de nación, hasta la titularidad de la soberanía, pasando por determinar quiénes ostentan la condición de español y los derechos a ella anejos. Comencemos por el primer hito temporal de nuestro periplo.

Los primeros pasos hacia la Constitución de 1837

Son las dos de la tarde del lunes 24 de octubre de 1836. La Reina Gobernadora asiste a la sesión regia de apertura de las Cortes Constituyentes de 1836-1837, y en su discurso recuerda a los parlamentarios que han sido convocados a "unos de los actos más solemnes y más grandes a que puede ser convocado un Congreso nacional: venís a revisar la Constitución que la Nación española se dio a sí misma, cuando hacía tres siglos que no tenía ninguna"[6]. El objetivo principal del nuevo texto no es otro que "hacer conocer prácticamente a los pueblos las ventajas del sistema constitucional, para que con los nuevos intereses que crea, todas las clases productivas se identifiquen con él". Pero, ¿quiénes integran estos pueblos?, ¿qué argumentos histórico-jurídicos afloran en el debate a la hora de definir la condición de español? ¿y de sus derechos?

---

[6] DSCC, 24 de octubre de 1836, 29-32.

Vemos así, cómo, en principio, la Constitución de 1837 aparece como una reforma de la del 12, vigente de nuevo tras el juramento regio como fruto de los sucesos de La Granja en el verano del 36. El texto gaditano parece superado[7]. En palabras del diputado Castro, "todos hemos convenido, y no creo haya quien lo dude, que la Constitución de 1812 adolece de defectos, no solo por la multitud de disposiciones puramente reglamentarias que comprende, sino porque hecha en un momento de ansiedad, en el peligro, en los instantes en que era necesario reunir toda la fuerza del pueblo solamente para oponerla al enemigo, tal vez no fue posible adoptar un sistema político más adecuado a otras circunstancias de calma y tranquilidad"[8].

El procedimiento de reforma previsto en el texto constitucional gaditano está recogido en sus artículos 375 al 384, disposiciones que dibujan un proceso particularmente rígido. A tal punto que la ejecución de estos preceptos constitucionales genera algún que otro problema de interpretación y choques entre quienes sostienen su obligatoriedad, frente a los que recuerdan el carácter constituyente de las Cortes convocadas ahora[9].

Al principio, parece no haber mucha prisa. La Comisión de Constitución será elegida el 5 de noviembre[10]. Dado que aún no se han incorporado cierto número de diputados, la cámara acuerda que esté compuesta interinamente por solo cinco miembros, con el objeto de completarla cuando los parlamentarios ocupen sus escaños de modo efectivo. De este modo, la formarán, por ahora, los diputados Argüelles,

---

[7] *Vid.* una amplia bibliografía en R. M. MARTÍNEZ SEGARRA y J. M. CAYETANO NÚÑEZ RIVERO, "Repertorio bibliográfico sobre la Constitución de 1837", *Revista de Derecho Político,* 20 (invierno 1983-1984), 285-321 (http://revistas.uned.es/index.php/derechopolitico/article/view/8271/7922, consulta 7 de octubre de 2020). En general, J. PRO RUIZ, *El Estatuto Real y la Constitución de 1837,* Madrid, 2010.

[8] DSCC, 13 de marzo de 1837, 2110.

[9] Por ejemplo, en cuanto a las mayorías cualificadas necesarias, puede verse en DSCC, 9 de noviembre de 1836, apéndice.

[10] DSCC, 5 de noviembre de 1836, 133-134.

Ferrer, González, Olózaga y Sancho. La presidencia del célebre Argüelles no será casual, su decisiva intervención en las Cortes gaditanas constituía toda una garantía[11].

Sin embargo, la Comisión recela de comenzar sus trabajos en firme hasta no estar completa, pues la incorporación de nuevos miembros implicaría necesariamente revisar los acuerdos ya adoptados[12]. Mientras tanto, en la propia Comisión surgen discrepancias. La posición mayoritaria defiende que para la reforma de un precepto es suficiente con la aprobación de la mayoría absoluta; mientras que el sector minoritario entiende necesario exigir los dos tercios de votos a favor[13]. Los defensores de una mayoría más cualificada sostienen que dota de mayor estabilidad a cada precepto constitucional y le otorga la importancia debida, superior a la de una mera ley ordinaria; al mismo tiempo que evita que cualquier parte de la norma suprema sea aprobada contra el criterio de sectores significativos de la cámara, al concitar el mayor número de apoyos posibles. Por su parte, la mayoría de la comisión evidencia la urgencia de concluir la reforma constitucional ante la situación bélica provocada por la insurrección carlista y el riesgo que supone para la tranquilidad pública dilatar el debate "con daño de la causa de la libertad". La minoría responde que es más necesario hacerla bien, que hacerla deprisa; amén de ser preciso respetar el mismo proceso de reforma contemplado en la Constitución gaditana. La mayoría opone el carácter de constituyentes con que han sido convocadas las presentes Cortes y que exigir dos tercios implica otorgar un instrumento de veto en manos de la minoría "que puede entorpecer la marcha de la mayoría, lo que sería precipitar la Nación en un abismo". Al final, 89 votos contra 20 aprueban exigir solo la mayoría absoluta, en lugar de los dos tercios propuestos por la minoría.

---

[11] Los cuatro miembros restantes de la Comisión serían elegidos a los once días (DSCC, 16 de noviembre de 1836, 282).

[12] DSCC, 13 de noviembre de 1836, 241-242.

[13] DSCC, 14 de noviembre de 1836, 262-268.

La discusión de las bases de la reforma

El último día de noviembre de 1836, las Cortes leen el dictamen de la comisión de Constitución sobre las bases de la reforma constitucional[14]. El documento comienza con una crítica a los "gobiernos absolutos que, abusando del poder, cuyo origen y fin desconocen u olvidan, enfrenan la libertad de los ciudadanos, impiden y condenan el desarrollo de las virtudes cívicas, cortan los medros a la inteligencia y, conculcando los derechos más sagrados de la naturaleza y de la sociedad preparan las revoluciones, de las que ellos son responsables y víctimas, por desgracia, los pueblos inocentes". Asimismo, alude a la derogación de la Constitución de Cádiz en 1814, que supuso que "hasta los tristes, pero preciados restos de nuestros antiguos fueros, que tantos siglos habían respetado, perecieron, o al menos se desnaturalizaron". La nueva restauración del año 23 conllevó "entronizar la más odiosa y bárbara arbitrariedad".

En cuanto a las bases en sí, proponen reducir a lo estrictamente necesario el texto de 1812, que consideran de "volumen excesivo". ¿Qué es lo necesario? Para la comisión, el texto constitucional debe "reducirse a establecer quién y cómo ha de hacer las leyes, quién y cómo se ha de encargar de su ejecución, y quién las ha de aplicar a los casos particulares; esto es, debe contener únicamente la división y forma de los poderes del Estado y la consignación de los derechos políticos y de los que, sirviendo de garantía a los civiles, deben ser respetados por aquellos".

La comisión postula dividir las Cortes en dos cámaras como un medio para conocer más fielmente la opinión nacional que debe guiar la acción de gobierno. Al mismo tiempo, este órgano descarta que la segunda cámara sea de naturaleza privilegiada, ni hereditaria, por ser contrarias al principio de igualdad. A la hora de elegir a los diputados, explicita su preferencia por la elección directa (frente a la indirecta en cuatro grados vigente en la Constitución de Cádiz) y aclara que "podrán ser elegidos indefinidamente".

---

[14] DSCC, 30 de noviembre de 1836, apéndice primero.

¿Representación de los españoles o de los territorios?

Cuando la comisión constitucional ya ha presentado las bases para la reforma de la Constitución del 12 que resultará en la del 37, el diputado Domenech comunica sendas exposiciones de la Diputación provincial y el ayuntamiento de Barcelona "relativas a la discusión que actualmente ocupa la atención del Congreso"[15]. El parlamentario plantea que ejerce así su obligación y que "desearía que antes de resolver en la cuestión pendiente, se viesen los sentimientos de aquella siempre infeliz y cuasi siempre desatendida provincia".

De inmediato, salta a la palestra Argüelles y plantea que acceder a la solicitud del diputado Domenech supone "faltar a los principios legales que hemos sostenido". Advierte que "las consecuencias y la trascendencia de este paso es mucho mayor de lo que pueda suponerse... Esto es de una trascendencia suma".

Son varias las razones. En primer lugar, porque las Cortes asumirían que los parlamentarios están sujetos a un mandato imperativo, en lugar del representativo vigente. En tal caso, "resultaría que los diputados a Cortes no tienen autoridad alguna y dependen especialmente de los ayuntamientos". En suma, lo pretendido por Domenech "es un modo directo para influir contra el sistema parlamentario".

En segundo lugar, porque atentaría contra el principio de igualdad. Reconoce Argüelles: "Yo respeto a Cataluña como una parte integrante de la Monarquía; pero no más. Igualmente respeto a Zaragoza, Galicia, etc.; igualmente a todas las demás provincias de España. Y si se hace un ejemplar con Cataluña, quiero que se haga con Asturias y las demás provincias del Reino... ¿Por qué no se suspende la discusión para oír las provincias de Castilla?".

En tercer lugar, viola la unidad territorial, "se trata de una desmembración; se quiere convertir la España en una liga de provincias". Argüelles defiende "una Monarquía única, no general", y recuerda que en el país vecino, "esa Francia funesta para nosotros, en Francia había

---

[15] DSCC, 7 de diciembre de 1836, 520-524.

constantemente un partido apoyado por el Gobierno para desunirnos. Los señores diputados no pueden ignorar que ha habido en París y Perpiñán en tiempo de nuestra emigración personas encargadas de fomentar la desunión en España, haciendo ver que las provincias podían forman una Monarquía general".

El ilustre asturiano aprovecha para recordar al diputado preopinante lo que aconteció "cuando Cataluña estuvo separada de la Corona de Castilla, cuando Luis XIII hizo todo lo posible para desmembrarla, ¿qué logró? Muchos tuvieron que huir buscando un asilo de ignominia por verse por último abandonados, y esto sucede al que conoce sus verdaderos intereses".

En su respuesta, Domenech niega la tentación federalista. Al contrario, sostiene que "los catalanes aman como el que más la centralización, porque quieren la independencia nacional… su objeto es igual al de las demás provincias, la libertad y el trono de Isabel II y está muy distante de abrigar ideas de interés particular; lo digo porque es así, créaseme o no se me crea".

Tercia el Secretario del Despacho de Estado, quien advierte que las exposiciones remitidas por Diputación provincial y ayuntamiento barcelonés solo pueden serlo de los individuos particulares que las firman, "pero no como corporaciones". Con el texto constitucional en la mano, ni la Diputación, ni el ayuntamiento, "ni ninguna corporación tiene derecho de representar. Léase el artículo de la Constitución que marca las facultades y se verá cómo no les da el derecho de representar colectivamente como tales corporaciones en nombre de la provincia. Si la Constitución no se lo permite, no lo pueden hacer; lo podrán individualmente, pero no con el carácter de corporaciones".

¿Hay hueco para la tolerancia?

La discusión del dictamen de la comisión comienza el 13 de diciembre[16]. El diputado González Alonso entiende que el documento olvida cuestiones. Por ejemplo, propone que el nuevo texto afirme el principio de

---

[16] DSCC, 13 de diciembre de 1836, 611 ss.

tolerancia y acabe con siglos de "intolerancia en materias de religión"[17]. Bromea al aventurar que los rebeldes carlistas clamarán que "ahora más que nunca es necesaria la Inquisición, porque hay un diputado que se ha atrevido a hablar de la tolerancia en materias de religión". Para sostener su posición, acude a las obras de Marina, quien habría mostrado las fecundas relaciones entre musulmanes y cristianos en el solar hispano en los siglos XI al XIII, de modo que "los Reyes mismos de Granada y de Córdoba no se desdeñaban en concurrir con los de Castilla, y estos con ellos, a consignar con sus firmas tratados de alianza y de comercio en provecho mutuo de sus súbditos". Añade que fueros como los de Baeza y Plasencia, al tratar de ferias y de comercio, rezaban: "Vengan negociantes, siquiera cristianos, siquiera moros, siquiera judíos, siquiera renegados, vengan seguros que hallarán buena acogida". Alonso cifra el cese de esta tolerancia en una bula del "Antipapa Juan de Luna, o Benedicto XIII… y desde entonces desaparecieron de entre nosotros los médicos árabes, los artistas árabes; desapareció la agricultura árabe y para mayor ignominia de la especia humana se puso una divisa infamatoria a los judíos para que fuesen conocidos y cesase toda comunicación, todo roce, todo trato".

Al día siguiente, Argüelles calma las aguas y arguye que "las reformas y el progreso de ilustración acabarán de desarraigar ese espíritu de intolerancia establecida por ese sistema brutal de la Inquisición"[18]. Sin embargo, admite que la cuestión no ha sido presentada como objeto de debate por la comisión, "no es oportuno, ni necesario", dado que "es un hecho que la Nación profesa la religión católica, esto nadie lo duda". Ahora, anima a que los diputados traten de esta cuestión "con entera libertad, habiendo desaparecido ese tribunal expresamente instituido para la persecución".

---

[17] Una visión de conjunto puede ser consultada en J. M. LABOA, "La libertad religiosa en la Historia constitucional española", *Revista de Estudios Políticos* (nueva época), 30 (noviembre-diciembre 1982), 157-173 (http://www.cepc.gob.es/publicaciones/revistas/revistaselectronicas?IDR=3, consulta 8 de octubre de 2020).

[18] DSCC, 14 de diciembre de 1836, 625 ss.

El día 16, el diputado Luján sostiene que España está incluida en el concierto de las naciones europeas que, desde mediado el siglo pasado, persiguen mejorar sus sistemas de gobierno[19]. Niega Luján que España, "por más que se diga, por más que se piense hacer creer por muchos extranjeros ilusos que no pertenece a Europa, con la vulgar frase de que África empieza en los Pirineos, España ha entrado en este círculo; y mal podría ser otra cosa si se atiende a que ahora y siempre ha tenido tantos títulos como las demás naciones para que se le considere europea". En consecuencia, "somos parte de la gran familia europea; y así como queremos tener industria, comercio, máquinas, barcos de vapor y demás en que ellos han adelantado, es natural que tengamos lo que han adelantado en las instituciones en que nos han precedido".

La discusión del proyecto de 1837

El pleno de la cámara aprobó finalmente las bases para la reforma en el frontispicio del fin de año[20]. Habrá que esperar a fines del mes de febrero del año siguiente para que la comisión presente el proyecto de Constitución[21]. En su preámbulo hace toda una declaración de intenciones: El proyecto consigna "el gran principio de la soberanía nacional, que ha sido, que es y que siempre será el único origen legítimo de todas las Constituciones de los pueblos. Las han recibido algunos de mano de un poder que hablaba en nombre de Dios, que le calumniaba así sacrílegamente para hacer descender de él la tiranía; pero el poder absoluto, cualquiera que sea la máscara con que se encubra, puede oprimir más o menos tiempo a las Naciones, pero jamás despojarlas de aquel derecho inherente a su existencia, indispensable a su conservación, el de constituirse del modo que mejor les convenga. El que este principio haya sido desconocido en tantas épocas y regiones no le quita nada de su verdad y de su importancia, pero hace doblemente necesario el que se consigne con toda solemnidad y se ponga en

---

[19] DSCC, 16 de diciembre de 1836, 650 ss.
[20] DSCC, 28 de diciembre de 1836, 813.
[21] DSCC, 24 de febrero de 1837, apéndice primero.

formal oposición con cualquiera otro que establezca fuera de la Nación el origen de todos los poderes".

¿Soberanía nacional frente a derecho divino?

Ya en el debate del proyecto, el diputado Pizarro recuerda cuáles son las primeras palabras de la Constitución de 1812: "En el nombre de Dios Todopoderoso, Padre, Hijo y Espíritu Santo, autor y supremo legislador de la sociedad". A continuación, hace notar que tales palabras faltan en el proyecto. Y advierte que "si se procura sostener esa omisión votaré siempre negativamente acerca de la totalidad del proyecto que se discute, y probablemente votaré lo mismo en la singularidad de sus artículos"[22]. Pregunta Pizarro si tal omisión es compatible con la intención y el deseo explícito de "los españoles que proclamaron la Constitución del año de 12", dado que "toda la Nación de que soy representante, y en cuyo nombre hablo… es verdaderamente piadosa y religiosa, sin gazmoñerías, sin embustes, sin las preocupaciones en que abunda alguna otra vecina... creo ser fiel intérprete de los sentimientos generales de la Nación en masa, de esta Nación noble, sensata y religiosa… [pues] está verdaderamente tan arraigada esta costumbre al carácter español".

Además, el mismo preámbulo de la Constitución gaditana, rezaba, "para que no se espantasen los enemigos de todo sistema constitucional, que estaba fundada sobre nuestras leyes y costumbres antiguas y, en efecto, recogiendo unas cosas y otras de nuestras leyes antiguas, se reprodujo esa Constitución". Abunda Pizarro al resaltar que en "nuestros Códigos legales... apenas hay uno que no principie con esta misma invocación, que respira dignidad y decoro. Este es el carácter español que viene de lo antiguo, y yo quiero ser español a ley de mis padres, a ley de los que nos han precedido, pues a ellos les debemos estas casas, les debemos los que existimos cuanto tenemos, y nada ha hecho la generación presente en recompensa de lo que ellos hicieron". Al mismo tiempo, este diputado también reivindica que el principio de la soberanía nacional aparezca explícitamente en el articulado

[22] DSCC, 13 de marzo de 1837, 2119 ss.

de la Constitución, no solo en el proemio; así como manifiesta su voto contrario al veto absoluto a la sanción de las leyes en manos regias, pues "conceder a la Corona el veto absoluto equivale para mi a Gobierno absoluto, absolutamente absoluto". En suma, desde su perspectiva, existiría toda compatibilidad entre defender la religiosidad de la nación y la afirmar la soberanía nacional y la limitación de los poderes de la monarquía.

Responde a Pizarro el diputado Olózaga, de la comisión, quien le explica que "no se ha creído necesaria" la invocación divina que el señor preopinante echa en falta. Y no es necesaria porque "aquella época pasó, y con ella esta y otras usanzas y muestras de exterior devoción… este siglo es tan religioso como la Nación española, pero se ve más libre de preocupaciones". Hoy la religión es "un lazo de la humanidad, un vínculo social necesario a la conservación de las Naciones", pero "la religión no es de los Estados, es de los individuos que los componen. Se tiene en el corazón, con él se habla a Dios, que entiende los corazones". La Constitución que ahora es sometida a la cámara es "tan justa, tan religiosa y tan moral como la del año 1812, que tiene la invocación que aquí se echa de menos".

Al principio de la soberanía también alude el mismo Secretario del Despacho de la Gobernación de la Península (quien interviene en su calidad de diputado), cuando manifiesta su satisfacción porque están "desterradas ya, por fortuna, y desterradas acaso para siempre, las falsas doctrinas de legitimidad absoluta y derecho divino en los fundamentos del poder humano… ya solo se reconoce como origen de todo gobierno las convenciones sociales y como única causa, como único elemento que puede establecerlos y justificarlos, la soberanía del pueblo"[23]. En suma, "la consecuencia inmediata de la soberanía nacional es que los pueblos formen sus Constituciones, y no las reciban de los Monarcas al placer y voluntad de estos".

Seguidamente, pondera la importancia de la libertad de imprenta y la preferencia que merece (de ahí su colocación como primero de los derechos

---

[23] DSCC, 14 de marzo de 1837, 2133 ss.

en el proyecto). Para el responsable ministerial, los gobiernos representativos atesoran tres caracteres distintivos: "primero, la discusión, por la cual los poderes del Estado están obligados a buscar en común la verdad; segundo, la publicidad, por la cual los poderes del Estado encargados de la investigación de la verdad están bajo las miradas y vigilancia de los ciudadanos; tercero, la libertad de la imprenta, por la que los mismos ciudadanos son provocados a buscar también la verdad y a comunicarla al poder".

Tras sostener que "para mi no hay otra autoridad de la de la verdad y la de la razón", en cuanto a la religión, nuestro ministro entiende que la ley no debe ocuparse del culto privado, pero "la libertad en los cultos públicos yo no la admito para nosotros", porque "ninguna Nación, sea la que fuere, puede permitir cultos o principios contrarios a los del gobierno y a la moral". A su juicio, sería de interés que el texto recoja que "ninguno pueda ser perseguido por sus opiniones religiosas, siempre que respete el culto establecido, la moral y las leyes que lo protegen".

Frente a ello, Olózaga defiende el trabajo de la comisión y reivindica la propuesta del proyecto según la cual reconoce "la obligación que tiene el Estado de atender al culto y a los ministros de la religión que profesan los individuos de la Nación española", dado que únicamente esto es "lo que toca a la ley". Al mismo tiempo, protesta porque "cualquier adición, cualquiera idea, cualquier principio que se pretenda introducir en este artículo destruye absolutamente el mérito que pueda tener la consignación del hecho que en él se hace y la obligación que se reconoce".

En su réplica, el ministro reitera la necesidad de establecer que nadie será perseguido por sus ideas religiosas, dado que el tenor de la legislación histórica española es bien distinto, desde "el Fuero Juzgo, las Partidas, las leyes de la Nueva Recopilación y hasta las de la Novísima Recopilación están atestadas de esos monumentos de barbarie, borrón y afrenta del siglo en que vivimos y, en virtud de las cuales, la opinión se acecha, la opinión se persigue, la opinión se castiga y el pensamiento, libre de suyo, se tiraniza y se condena hasta con brutalidad". Recuerda que estos textos legales tienen varios títulos "contra moros, contra judíos, contra herejes, contra adivinos, contra agoreros". Y lanza una pregunta retórica: "¿Nosotros queremos perpetuar los errores de nuestros padres y erigirnos en vengadores de la Divinidad, como si su principal atributo no fuese la bondad y la dulzura, como si sus preceptos no fuesen de caridad para con todos?".

¿Una Constitución nacional o extranjera?

Para algunos diputados, el proyecto de Constitución era reflejo de las exigencias de los gobiernos francés y británico, impuestas a cambio de reconocer a Isabel II como Reina legítima de España. Esta acusación no aparece reflejada explícitamente, por lo general, sino que solía sobrevolar como una insinuación pertinaz. De ese modo, la propuesta de reforma respondía, en su opinión, al modelo de una Constitución extranjera, subordinada a los intereses de ambos gobiernos foráneos y ajena a la tradición nacional.

Sobre el principio de nacionalidad, relacionado con la tradición histórica, contrasta el diputado Pascual que "lo más interesante para el pueblo español en ese Código admirable de 1812... es el espíritu de nacionalidad con que está redactado. Calcado sobre los más preciosos fragmentos de nuestros antiguos fueros y códigos, nada contiene de nuevo, como no sea el método, el enlace de las materias"[24]. Recalca el parlamentario que "el español, por carácter orgulloso de su ser, amante, o por mejor decir, idólatra de las costumbres de sus padres, de los usos de sus mayores, por hábito, por inclinación, por fanatismo si se quiere, no encuentra nada bueno sino en lo que es enteramente nacional. En parte tiene razón, y nadie puede negársela, porque la Nación a que pertenece encierra dentro de sí todos los elementos de vida, tanto en lo físico como en lo moral, tanto en lo político como en lo legal".

A su juicio, los constituyentes gaditanos simplemente "trabajaron sobre nuestros antiguos códigos" y en ellos encontraron "todos los elementos de una perfecta Constitución". Por esa misma razón, Pascual lamenta rechazar el nuevo proyecto de texto constitucional, dado que "carece de ese espíritu de nacionalidad... no es nacional, es extranjero", reflejo de "las

[24] DSCC, 15 de marzo de 1837, 2152 ss.

Constituciones que rigen en Europa y, particularmente, sobre la Carta francesa de 1830"[25]. Le reprocha que habla de los españoles, "cuando no se ha hablado una palabra de la noble Nación a que pertenecen... se fijan los derechos de los ciudadanos, cuando no se ha hablado una palabra de los derechos del pueblo en general". De ahí que defienda que la soberanía nacional debe aparecer expresamente en el texto del articulado (como en la Constitución del 12), y no solo en el proemio, como sucede en el proyecto presentado.

Uno de los que responde es el diputado Sancho, quien, frente a la pretensión de que "debíamos haber dispuesto esta Constitución conforme a nuestras antiguas leyes", objeta que, sin perjuicio de respetarlas, "ahora lo que debíamos hacer era tomar lo bueno que existe en países más adelantados que nosotros, debíamos seguir el espíritu del siglo, y no... tomando las formas que tenían nuestras Cortes en tiempo de los godos y de la casa de Austria"[26]. Insiste en que "esto no podíamos ni debíamos hacerlo; nos convenía hacer una novedad tomando de los extranjeros lo que ellos han adelantado para asegurar la libertad y hubiéramos sido unos estúpidos si, por ese espíritu de nacionalidad, hubiéramos dejado de tomar lo que está reconocido por bueno en otras naciones". Sancho aclara que "a pesar de que los señores diputados que formaron la Constitución de Cádiz (de quienes tengo tantos motivos de respetar) dijesen que enteramente estaba tomada de nuestras antiguas leyes, todo el mundo sabe que no era absolutamente exacto; así como sabe que, aunque se dijo lo mismo del Estatuto, no estaba sacado de nuestras antiguas leyes".

De vueltas con la soberanía nacional, Santaella recuerda que este principio ha sido "la palanca poderosa que sirvió a los pueblos para derrocar el antiguo poder que ha derramado tanta sangre y hecho a los verdugos los

[25] Más adelante, avanzado el debate constitucional, Argüelles defiende que "visto el estado de asociación de Europa, no pueden menos las Naciones que adaptarse y acomodar sus Constituciones con las de las demás Naciones de que son aliadas, para no alarmarlas, para no escandalizarlas, para no alterar sus relaciones amistosas" (DSCC, 11 de abril de 1837, 2653).

[26] DSCC, 17 de marzo de 1837, 2206.

ministros de justicia de los Reyes; el principio de la soberanía nacional ha puesto en convulsión la Europa y destruido la obra de dieciocho siglos... ha servido de palanca para exterminar el despotismo y la Inquisición"[27]. Por su parte, el ya citado Sancho subraya que "la soberanía nacional es un principio evidentísimo, en contraposición o formando antítesis al principio de derecho divino, porque este principio es el que está en oposición y el que combate aquel"[28].

En una deriva similar navega el diputado Ferro Montaos, para quien, desde "hace más de doscientos años Europa es el teatro sangriento de la lucha más o menos pronunciada, más o menos encarnizada, más o menos abierta entre la libertad y la servidumbre, entre las luces y el oscurantismo, entre los derechos de las Naciones y el derecho divino y el privilegio, entre la verdad y el error, entre los pueblos y sus opresores"[29]. Lo ejemplifica al recordar que "Inglaterra se proclamó libre y se constituyó a si misma derribando la dinastía antigua y proclamando otra nueva en 1688, que Holanda y los Estados Unidos hicieron lo mismo, que lo hizo enseguida Francia en 1789 y que lo han verificado después Bélgica, España y Portugal. Estos son hechos, son otras tantas heridas mortales que el despotismo ha recibido".

¿Una reforma de la Constitución del 12 o una nueva Constitución?

En esta discusión, frente a quienes critican que el proyecto del 37 no es una revisión de la Constitución del 12, sino una nueva Constitución, el diputado Olózaga recuerda que el texto del proyecto tiene aspectos importantes en común con el gaditano, dado que "por más que queramos, por más que alabemos por amor propio nacional los Códigos nuestros, célebres bajo otros conceptos, son incompletos en la parte política. ¿Podremos decir que nosotros teníamos leyes fundamentales que constituyeran los poderes del Estado independientes unos de otros y que

[27] DSCC, 19 de marzo de 1837, 2233.
[28] DSCC, 20 de marzo de 1837, 2249.
[29] DSCC, 21 de marzo de 1837, 2268.

asegurasen la libertad individual y el derecho de propiedad contra los embates del poder? Hallaremos leyes en las Partidas llenas de buenas máximas sobre esos derechos, pero hallaremos otras al mismo tiempo en que se le concede al poder real la mayor latitud. De esa confusión, de esa contradicción de nuestros Códigos se siguió, como era natural, el despotismo de tres siglos que se entronizó en España, y el cual se destruyó por la Constitución de 1812"[30].

Al defender el principio de igualdad, en consonancia con el texto de Cádiz, Olózaga denuncia que "se está exigiendo para entrar en los colegios militares la limpieza de sangre, es decir, un papel mojado que cuesta sin embargo mucho dinero, en la cual declaran contra la verdad, o a lo menos sin la verdad, lo que no saben los testigos que deponen… tienen que declarar lo que positivamente no saben ni deben saber: que no desciende de moro ni judío… en España, señores, que no se desciende de penitenciados por el Santo Oficio, cuando han sido tantos los que injustamente han padecido por aquel tribunal"[31]. Al mismo tiempo, denuncia que "para otros cargos se necesitaban pruebas de nobleza, sobre todo para condecoraciones… creen que son más que los demás. Yo los tolero y aun los compadezco, y si no en eso, al menos en la facilidad de contentarse con poco, los envidio". Para este diputado, "aquí combatimos todo principio de preocupación religiosa, así como todo principio de nobleza que se oponga a la igualdad, y decimos que todos los españoles son igualmente admisibles a los empleos y cargos públicos según su capacidad y mérito". Como es sabido, este principio de igualdad también exige la de atender las cargas personales y patrimoniales establecidas por el texto constitucional. De ahí que Olózaga recuerde que hasta ahora han "estado ciertas clases dispensadas del servicio de las armas, he aludido a los nobles y ordenados; y en lo de no pagar contribuciones, al clero y otra porción de clases excluidas"[32].

---

[30] DSCC, 22 de marzo de 1837, 2303.
[31] DSCC, 29 de marzo de 1837, 2363.
[32] DSCC, 31 de marzo de 1837, 2400.

El mismo Olózaga llama la atención sobre los riesgos de remitir la regulación del contenido de los derechos a una ley[33]. Como ejemplo señala el artículo que dispone que "todo español está obligado a defender la patria con las armas cuando sea llamado por la ley". En tal caso, la ley podría decir "no llamo a los nobles, a los caballeros de tal o cual orden, a los tonsurados", en fin "hacer las mismas excepciones que había en tiempo del absolutismo, y entonces tendríamos que ese derecho quedaba reducido a la nada".

Ahonda en el argumento el diputado Castro, que alerta de que las amenazas contra el mismo orden constitucional pueden provenir del poder ejecutivo, pero también de las propias cámaras representativas con idéntico resultado, pues "donde quiera que se ha abusado del poder bajo formas representativas o bajo formas monárquicas, allí ha estado la ruina, el mal, infaliblemente... Esas medidas, cuando se llevan a efecto, solo producen la consecuencia de destruir la Constitución actual del Estado"[34].

De distinto parecer es el diputado Pascual cuando sostiene que el mensaje constitucional a los españoles es claro: "Si hasta ahora habéis dependido de la voluntad de un hombre que ha podido deteneros, prenderos, haceros cambiar de domicilio y allanar vuestras casas sin otra regla que su capricho y sin otra causa que su animosidad; desde ahora será impotente la mano de los déspotas y la ley, hija de la razón y la justicia, será la única que marcará los casos y el modo con que se os pueda detener, prender, separaros de vuestros domicilio y allanar vuestras casas"[35].

Cuando el artículo 10 del proyecto propone acabar con la pena de confiscación de bienes, al ordenar que no se imponga jamás, el diputado Ferro Montaos alega que "es una pena atroz, injusta, arbitraria y que conculca todos los principios de justicia, de razón y de humanidad; contraria a la doctrina legal tantas veces proclamada aquí y reconocida por todos los jurisconsultos, filósofos y los legisladores modernos, de que la pena no debe ser trasmisible a otros que al delincuente. La pena de confiscación produce

[33] DSCC, 2 de abril de 1837, 2429.
[34] DSCC, 2 de abril de 1837, 2432-2433.
[35] DSCC, 3 de abril de 1837, 2445.

un efecto diametralmente opuesto a este principio justo, pues no se circunscribe a la persona del delincuente, sino que se trasmite a sus sucesores y a otras personas extrañas al delito; hijos de un padre que ha delinquido son también penados, quedan sin medios de subsistencia, quedan víctimas de la miseria, de la infelicidad y de la deshonra que ellos no han merecido; se castiga, en fin, al inocente"[36]. El diputado Castro apunta al respecto que "el deseo de perpetuar la odiosidad a ciertos delitos y que quedase siempre en la sociedad una prueba estable y duradera del castigo que se había impuesto a sus autores… hizo establecer ese principio erróneo de prescribir la pena a personas que no habían sido autores del delito".

En cuanto al origen histórico de esta pena y la causa de su generalización por Europa, Olózaga apunta que radica en "desconocerse los elementos de la propiedad en toda su extensión e importancia; ha sido suponer, por ser de origen feudal la mayor parte de las propiedades, que habiendo sido dadas por el Soberano, podían y debían ser quitadas por él mismo… lo común ha sido aplicarse en toda legislación a los delitos que se han llamado de lesa majestad"[37]. La protección de la propiedad en los textos constitucionales sería así "la sanción del principio de la propiedad contra el abuso escandaloso que se ha hecho de ella".

¿Religión frente a Constitución?

En cuanto a la cuestión religiosa, el diputado Dionisio Valdés arguye que "con decirse en la Constitución que el catolicismo es la religión de los españoles no se hacía otra cosa que declarar un hecho que no podía negarse, que cualquier innovación en esta parte no sería más que dar armas a los enemigos de la libertad, los cuales apuraban todos los medios de promover el fanatismo; y que harto se lograba si poco a poco, por medio de la libertad de imprenta, se hacía conocer al pueblo que la religión católica era esencialmente tolerante"[38].

---

[36] DSCC, 3 de abril de 1837, 2457-2458.
[37] DSCC, 4 de abril de 1837, 2475.
[38] DSCC, 18 de marzo de 1837, 2222.

Al discutir la propuesta de artículo 11 del proyecto, resurge esta cuestión. El texto propone que "la nación se obliga a mantener el culto y los ministros de la religión católica que profesan los españoles"[39]. Abre el fuego el mismo Secretario del Despacho de Gracia y Justicia, quien dice hablar en nombre del Gobierno. Inicia su alocución manifestando el respeto que profesa a la religión católica "ya porque es la religión de los españoles, ya porque es la religión en que he nacido y vivo y espero morir". Añade su íntima convicción de que, al recomendar el perdón como modo de conducta, "es la más benéfica, la más caritativa, la más dulce de cuantas existen… la más propia para mantener el orden y la tranquilidad pública, para conservar la unión en los pueblos y hacer la felicidad de la sociedad".

Sin embargo, recuerda que "la historia de todas las Naciones nos demuestra cómo la religión que debiera fortificar los lazos de unión, paz y fraternidad entre los hombres, ha servido de instrumento regularmente para desconocer los derechos más claros y positivos, y ha servido de medio para que ministros ambiciosos e impostores hayan sacrificado todas las virtudes cristianas al engrandecimiento de sus intereses particulares". De ahí que proponga que el texto constitucional otorgue "un lugar respetable y conveniente a aquel que asegurara que el español no pudiera ser perseguido ni inquietado por motivos de religión… que se consignara el derecho que tienen los españoles de no ser inquietados, molestados ni perseguidos por opiniones religiosas… siempre que respetaran el culto católico y no ofendiesen la moral pública". Sin embargo, advierte que no propone afirmar la libertad de cultos, "nada de eso, señores".

El responsable gubernamental advierte que esta precisión es necesaria, pues "hay en nuestros Códigos muchas leyes… por las cuales se manda y se exige que en público y en secreto todo español haya de profesar los artículos de la fe como los profesa nuestra madre la Iglesia… Conocido es de todos que se halla existente en nuestros Códigos la ley que manda a todo español que cuando se presente el Sacramento en la calle haya de tener obligación de acompañarlo a la iglesia de donde salió y deba ponerse de

[39] DSCC, 4 de abril de 1837, 2478 ss.

rodillas al pasar, sin tener en consideración el polvo y el lodo, y que el que quebrantase este precepto incurra en una pena pecuniaria". Por si fuera poco, "conocidas son las leyes contra herejes, conocidas son las leyes contra judíos y moros y contra cualesquiera otros que profesen distintos principios, y conocidas son las leyes que hay sobre excomuniones".

Contrario a la posición gubernamental (el ministro dijo hablar en nombre del ejecutivo), Argüelles toma la palabra para defender el texto original presentado por la comisión y declarar su posición contraria a que la Constitución abunde en estas cuestiones, que deben ser objeto de la legislación civil y canónica. Aporta para ello las razones que hubo en el año 12 para incluir la referencia a la religión en los términos en que apareció y es que, en aquel momento, la prioridad era ganar la guerra y aprovechar ese impulso para "desarraigar el origen que nos ha traído a esta calamidad, no sea que este Rey joven e inexperto [Fernando VII], que tan tristes muestras ha dado de su educación en el tiempo en que era Príncipe heredero, venga después a arrancarnos los últimos vestigios de la libertad que ha quedado en Castilla y Aragón".

Convocadas las Cortes para realizar una Constitución, surgieron los primeros signos de división entre las filas nacionales. En el momento en que la cámara afirma el principio de la soberanía nacional, "el clero vio bien claro que este principio envolvía la abolición de la doctrina que había estado inculcando tanto para hacer creer que la institución Real era de origen divino y que los pueblos desde *ab initio ab ovo* estaban obligados a obedecer a los Príncipes, no solo como a imágenes de la divinidad, sino como a sus representantes, a sus lugartenientes".

Las voces de alarma entre sectores de la clerecía aumentaron con la aprobación de la libertad de imprenta (a pesar de que el mismo decreto excluía las materias religiosas de su ámbito)[40]. En el trasfondo también figuraba el debate sobre la continuidad o supresión del Santo Oficio de la

---

[40] I. FERNÁNDEZ SARASOLA, "Opinión pública y «libertades de expresión» en el constitucionalismo español (1726-1845)", *Historia constitucional,* 7 (2006), 159-186 (http://dx.doi.org/10.17811/hc.v0i7, consulta 8 de octubre de 2020).

Inquisición. En tan enrarecido ambiente, brotaron diversos focos de resistencia a las reformas, animados por una pastoral publicada por cierto número de obispos que estaban refugiados en Mallorca, y que comenzaba a auspiciar un clima de rechazo contra la cámara gaditana.

De ahí que la comisión constitucional (formada por trece miembros, de los que seis eran eclesiásticos), entendiera que era conveniente incluir el que después sería el artículo 12 de la Constitución de Cádiz, "sin tener en cuenta si correspondía o no a una ley fundamental mezclarse en materias de religión y hacer declaraciones para las cuales era incompetente el Congreso". Tal disposición, propia de un concilio, comprometió a las Cortes "en una controversia teológica que provocó tantos disturbios".

El mencionado artículo rezaba: "La religión de la Nación española es y será perpetuamente la católica, apostólica, romana, única verdadera. La Nación la protege por leyes sabias y justas, y prohíbe el ejercicio de cualquiera otra". A juicio de Argüelles, esta concesión fue inútil y perjudicial, "cometieron una imprudencia, una indiscreción suma". El clero ya asumía que ese artículo no era "una prenda de seguridad contra las reformas". Dada su inutilidad, como demostraron los hechos de 1814, la comisión constitucional del 37 propuso el literal que ahora es objeto de debate, más acorde con una norma constitucional, y preterir el artículo que había sido ineficazmente incluido en el texto del año 12.

En opinión del conocido prohombre asturiano, "España hasta fines del siglo XV ha sido la Nación más tolerante del universo y no hay ninguna en el día, comenzando por Inglaterra y acabando por los Estados Unidos, que sea más tolerante que era España entonces, sin embargo de la legislación de las Partidas, que envolvió en la primera todo el decreto de Graciano". A pesar de ella, "las tres religiones más enemigas… se ejercieron en España libremente bajo la protección de las leyes". Para Argüelles, "fue necesario que el Rey Católico usase de todo el influjo que tenía en el ánimo de su esposa la Reina Doña Isabel para que, a fines del siglo XV, se introdujese en España el terrible azote que la redujo a la miseria. El instrumento único de persecución que ha habido en España ha sido la Inquisición".

Dado que, desde que falta la Inquisición, "no ha habido ni puede haber persecuciones en España por motivos religiosos", es por lo que entiende que es superfluo acceder a la adición instada por el responsable gubernamental de justicia, máxime cuando "las leyes que quieren establecer la tolerancia producen lo opuesto, provocan las contiendas, irritan los ánimos, excitan las disputas". Los frutos de la supresión ya fueron saboreados en el período gaditano, "los pasos de gigante que la Nación daba hacia esa tolerancia, verdadero carácter distintivo de la religión católica, que no reconoce otros medios de asegurarse y propagarse que los del ejemplo, de la doctrina, de la predicación, y que abomina y ha abominado siempre los de la persecución". Y es que el mismo hecho "de que un Ministro de Gracia y Justicia se haya levantado hoy a nombre del Gobierno abogando por la tolerancia… Este es un testimonio de los progresos".

La obligación de mantener al culto y a los ministros por parte de la Nación la cifra el diputado asturiano "desde la más remota antigüedad [cuando] empezaron las iglesias de España, por concesiones de los Príncipes, a poder adquirir propiedades territoriales y a formar lo que se llama patrimonio de la Iglesia, sin que por esto dejase de percibir todas las oblaciones que los fieles le ofrecieran. Hubo más. Desde el siglo X se aplicó exclusivamente al culto y a los ministros la gran contribución del diezmo. De modo que la Iglesia española ha disfrutado desde muy remota antigüedad las dos grandes fuentes de riqueza, que son los bienes patrimoniales y el diezmo". Sin embargo, tanto "los bienes patrimoniales de la Iglesia como el diezmo van disminuyendo, en términos que el clero empieza a clamar representando que van a faltar los medios de subsistir al culto. Reconociendo, por otra parte, que los españoles todos, sin excepción ninguna, profesan la religión católica, no podía dudarse que esto induciría la obligación de mantener el clero y culto, y esto es lo que ha consignado en el proyecto de Constitución".

El diputado Caballero replica la intervención de Argüelles[41]. En uno de sus aspectos (cuando sostiene que, dado que no hay Inquisición ya no hay

[41] DSCC, 5 de abril de 1837, 2497 ss.

que temer persecuciones religiosas), le advierte que "aun extinguido el tribunal de la Inquisición hay causas de fe, y que por el derecho canónico existente... los obispos son los jueces natos de estas causas de fe". Los diocesanos "vienen pretendiendo y sosteniendo con el mayor calor que ellos son inquisidores natos... Cuidado, señores, no sea que, habiendo cerrado una puerta, o extinguídose un tribunal, se vayan a establecer tantos como diocesanos tenemos en España".

Tercia el diputado Sancho para recordar que nadie puede ser perseguido por sus opiniones, mientras no pasen del fuero interno al externo. Aclara que "por lo que se ha perseguido en muchos países y en muchas ocasiones a los hombres ha sido por la expresión de sus opiniones de esta o de la otra manera, por haber tratado de atraer a ellas a otros, por querer hacer prosélitos; pero por la opinión que tuviesen, jamás. Ni aún el terrible tribunal de la Inquisición persiguió ni pudo perseguir por opiniones... Por lo que se puede perseguir y se ha perseguido ha sido por expresarlas".

El parlamentario González Alonso objeta a este argumento que "opinión mía es la que tengo en mi mente; pero también lo es que lo que escribo en mi gabinete es también opinión, y esta opinión ha conducido muchas víctimas al cadalso". Admite este diputado que, "por desgracia, es un principio de eterna verdad que todos somos intolerantes. No hay más que ver lo que pasa en nuestro corazón y en los de nuestros semejantes. Lo que sufre cuando se oye una opinión contraria y que es menester mucha virtud para no resentirse, y generalmente acabamos, si tenemos alguna delicadeza, llamándolo debilidad; pero las más veces atribuyendo a perversidad la manera de ver del que no piensa como nosotros. Aun en la filosofía, en que las discusiones se hacen con calma, ¡cuántas veces han terminado las controversias por rencores inveterados! Entre los mismos teólogos cristianos, tan tolerantes entre sí". Consciente de ello, "deploramos el estado actual del hombre y queremos que esté seguro en el santuario de su conciencia, con tal que el orden público se conserve", y de ahí la necesidad de establecer la salvaguarda expresa en el texto constitucional.

Lamenta González Alonso que no haya sido ejecutado en la práctica el mensaje evangélico de Jesús, la doctrina de "amar a Dios por sí mismo y amarse los hombres entre sí, esta doctrina de abnegación propia, del perdón de las injurias, de amar hasta a nuestros enemigos y de una comunión social". De haberse puesto en práctica "debía salir un ministerio propiamente evangélico, ese ministerio que representara a Dios pobre, humilde y crucificado y cuyo reino no es de este mundo; y de esta moral evangélica lo que ha resultado en gran parte, y sin culpa suya, han sido tiranos de los espíritus, de los hombres y sus opiniones, y que al paso que miraban al cielo agarraban la tierra y se hacían poderosos hasta hacerse jefes de los pueblos".

Martínez de Velasco pone el dedo en la llaga (carlista) al resaltar la necesidad de incluir este artículo en el proyecto de Constitución, pues, de lo contrario "el silencio hubiera sido un pretexto para que los enemigos de nuestras instituciones persuadiesen al pueblo español de que se quería levantar este edificio político sobre las ruinas de la religión de sus padres". Es importante "no alarmar a los que están en expectativa, que no son pocos".

Por su parte, el diputado López objeta las afirmaciones históricas de Argüelles[42]. Niega que España fuera la Nación más tolerante hasta el siglo XV, pues la Inquisición ya operaba desde el siglo XIII "confiada a los frailes dominicos y franciscanos, nombrados al efecto por el Papa, o por la persona a quien cometía su facultad".

Las discusiones posteriores llegan hasta tal punto que el diputado Sosa cuestiona el concepto mismo de "derechos"[43]. Defiende que "la Constitución la hemos de poner perceptible, segura, inalterable; y todos la entiendan, la observen y sepan cuáles son sus deberes, no solo sus derechos". A su favor apunta que "en las tablas de Moisés no se consignaba ningún derecho, no tenían más que los diez preceptos del Decálogo y no les dijo más que *Esto habéis de hacer*… jamás les dijo que tenían derecho a nada más que a la tierra de promisión. Señores, los derechos de todos los hombres no están en ninguno, sino en los deberes de los demás". Ello le lleva a columbrar que "mientras esta Constitución no se grabe en el corazón de los

[42] DSCC, 6 de abril de 1837, 2520.
[43] DSCC, 7 de abril de 1837, 2547.

hombres, mientras todos no se penetren de su deber... viviremos en la Constitución, pero moriremos en las garras del despotismo".

El camino hacia la Constitución de 1845

Viernes, 18 de octubre de 1844. Han transcurrido ocho días desde el inicio de la legislatura 1844-45, cuando el Presidente del Consejo de Ministros comunica al Congreso de los Diputados un Real Decreto firmado el día 9 que autoriza al Consejo de Ministros para que presente a las Cortes la reforma de la Constitución "en los términos que resultan del adjunto proyecto"[44]. De nuevo estamos ante una convocatoria de Cortes para reformar la Constitución (ahora la de 1837)[45]. Estas Cortes son convocadas como Cortes ordinarias, no constituyentes, lo que implicaría que cualesquiera Cortes ordinarias posteriores pudieran reformar el mismo texto constitucional, sin necesidad de convocar un proceso constituyente[46].

---

[44] Diario de Sesiones del Congreso de los Diputados (en lo sucesivo, DSC), 18 de octubre de 1844, 48 y apéndice segundo. Está disponible una amplia bibliografía actualizada en F. MARTÍNEZ MARTÍNEZ, "La nueva vida constitucional en 1869: entre (más) derechos y (menos) poderes", *Memoria y civilización,* 23 (2020), 1-39 (bibliografía pp. 34 a 39; https://doi.org/10.15581/001.23.006, consulta 28 de septiembre de 2020).

[45] Vid. M. A. MEDINA MUÑOZ, "La reforma constitucional de 1845", *Revista de Estudios Políticos,* 203 (1975), 75-106; M. A. TOMÁS FONT DE MORA, "La preparación de la Constitución de 1845", *Revista de Estudios Políticos* (nueva época), 73 (julio-septiembre 1991), 229-241 (disponibles en http://www.cepc.gob.es/publicaciones/revistas/revistaselectronicas?IDR=3, consulta 8 de octubre de 2020). En general, J. I. MARCUELLO BENEDICTO, *La Constitución de 1845,* Madrid, 2007.

[46] En puridad, la Constitución de 1845 no aparece concebida como una nueva Constitución, sino como una reforma de la anterior, a su vez, reforma de la gaditana. Incluso una enmienda presentada por el diputado Isla Fernández, conducente a eliminar de la reforma todo rastro de la Constitución de 1837, es derrotada por 122 votos contra 7. En el debate sobre esta enmienda, la comisión constitucional insistió en que "nosotros no hacemos una Constitución nueva, sino que reformamos la de 1837" (DSC, 13 de noviembre de 1844, 427).

El "proyecto del Gobierno sobre reforma de la Constitución" alude en su exposición de motivos a su propuesta de cambiar el preámbulo (recordemos que el de 1837 aludía a la soberanía nacional en estos términos: "Siendo la voluntad de la Nación revisar, en uso de su soberanía, la Constitución"). Reza ahora el proyecto que lejos de "acudir a principios abstractos más o menos vagos respecto del origen de las Constituciones, vuestros Secretarios del Despacho han juzgado preferible anunciar un hecho, a saber: que en la Constitución que va a regir a España están de acuerdo la Corona y las Cortes, deseando concurrir unidas a acomodar los antiguos fueros y libertades de la Nación a su estado y necesidades actuales, dando a las Cortes la intervención que en todos tiempos han tenido en la resolución de los asuntos graves de la Monarquía".

El tinte historicista queda patente desde las primeras pinceladas[47]. Así reza la propuesta de preámbulo: "Doña Isabel II por la gracia de Dios y la Constitución de la Monarquía española, Reina de las Españas, a todos los que las presentes vieren y entendieren, sabed que siendo nuestra voluntad y la de las Cortes del Reino regularizar y poner en consonancia con las necesidades actuales del Estado los antiguos fueros y libertades de estos Reinos y la intervención que sus Cortes han tenido en todos tiempos en los negocios graves de la Monarquía, modificando al efecto la Constitución promulgada en 18 de junio de 1837, hemos venido, en unión y de acuerdo con las Cortes actualmente reunidas, en decretar y sancionar la siguiente Constitución de la Monarquía Española".

Junto a ello, la propuesta de reforma del artículo relativo a la religión ahora indica de modo claro: "La religión de la Nación española es la católica apostólica romana. El Estado se obliga a mantener el culto y sus ministros". Recordemos que esta cuestión había sido objeto de arduo debate en el

---

[47] Estas tesis han sido analizadas, entre otras, en J. VARELA SUANZES-CARPEGNA, "La doctrina de la Constitución histórica: De Jovellanos a las Cortes de 1845", *Revista de Derecho Político,* 39 (1995), 45-79 (http://e-spacio.uned.es/fez/eserv/bibliuned:Derechopolitico-1994-39-83045D6A/PDF, consulta 8 de octubre de 2020)

anterior proceso constituyente, que había acogido una perífrasis para salvar las objeciones de unos y otros.

¿Soberanía de origen divino o soberanía popular?

La comisión correspondiente del Congreso emite su dictamen antes de un mes[48]. Este órgano describe a los "adversarios de la reforma". Por un lado, están quienes "hacen venir del cielo la soberanía y la asientan en el Trono". Frente a ellos, "los que la hacen venir del pueblo y la asientan en una congregación de sus representantes". No obstante, elude el debate ("no era cosa propia de la comisión, ni lo es de las asambleas políticas, entrar en contienda sobre metafísica constitucional, ni llevar la luz de la discusión a tan escondidas y lóbregas regiones") y opta por el medio virtuoso ("la verdadera doctrina huye de estos extremos… para descubrir las fuentes de la soberanía no era necesario bajar tanto ni subir a tan inconmensurables alturas")[49]. Y la Historia del Derecho acude en auxilio de la comisión: "Ayudándose de la Historia, libro de perpetua enseñanza para los hombres de Estado, descubrió que allí donde han prevalecido estas máximas se ha convertido siempre la potestad en tiranía".

¿Dónde está la solución? A juicio de la comisión, "solo aquella potestad que ejerce una acción benéfica y continua y que gobierna los pueblos con un imperio templado es poderosa para hacer blanda su obediencia, para cautivar sus voluntades y para ganarse sus aficiones. Los pueblos miran como cosa sencilla y natural que las reformas políticas procedan de aquella suprema autoridad de donde todo procede como de un

---

[48] DSC, 5 de noviembre de 1844, apéndice.

[49] El senador Marqués de Miraflores recuerda que la "Constitución de 1837 tiene la fecha de 18 de junio, y el 28 de aquel mismo mes el Pretendiente pasó el Ebro. ¿Y, en tal caso, señores, los hombres que no estaban satisfechos del origen de la Constitución de 37 hubieran obrado lealmente viniendo a disputar sobre ella cuando D. Carlos venía a marchas forzadas sobre Madrid?... ¿podían entrar a disputar en tan críticos momentos sobre la legalidad del origen de esa Constitución y sobre dónde residía la soberanía, si en el Rey o en el pueblo? (Diario de Sesiones del Senado, en adelante DSS, 20 de diciembre de 1844, 131-132).

manantial fecundísimo, así las leyes protectoras de los ciudadanos como las que guardan los Imperios, así los consejos de la paz como los consejos de la guerra".

Y ¿cuál sería esta potestad? De nuevo la Historia del Derecho da la respuesta: "La potestad constituyente no reside sino en la potestad constituida, ni esta es otra en nuestra España sino las Cortes con el Rey. *Lex fit consensu populi et Constitutione Regis:* esta máxima de nuestros padres, sublime por su misma sencillez, ha llegado hasta nosotros vencedora de los tiempos y de las revoluciones".

Este órgano parlamentario reitera la idea y la lleva a sus últimas consecuencias. La comisión proclama que "las Cortes con el Rey son la fuente de las cosas legítimas: su potestad alcanza a todo, menos a aquellas leyes primordiales contra las cuales nada puede intentarse que no sea nulo de toda nulidad, porque son como los fundamentos de las sociedades humanas. Por ellas después de Dios viven perpetuamente los pueblos, con su calor y abrigo se engrandecen las naciones y debajo de su amparo reinan los Reyes. La comisión entiende, por las razones expuestas, que las Cortes con el rey tienen la autoridad necesaria para reformar la ley política del Estado".

Posada Herrera, entonces diputado, no debió estar muy conforme y presentó una enmienda al preámbulo del proyecto para que rezase, conforme al principio de la soberanía nacional: "...siendo los deseos de la Nación reformar la Constitución promulgada en 18 de junio de 1837, las Cortes han decretado y Nos aceptamos y sancionamos"[50]. De diverso parecer es el Ministro de la Gobernación, Pidal, quien sostiene que la Constitución del 37 "estriba sobre el principio abstracto y académico de la soberanía popular, principio que unos admiten y otros rechazan, que unos reverencian con entusiasmo y otros detestan de todo corazón". En consecuencia, "¿cómo estará más afirmada la Constitución, fundándola sobre un principio de esta naturaleza, cuando menos disputable, o fundándola en nuestra historia, en nuestra legislación, en toda nuestra vida política, en un principio inconcuso, cual es la verdad que resulta de toda ella de que en España lo que han hecho

---

[50] DSC, 11 de noviembre de 1844, 370, 377, 381-388.

las Cortes con el Trono de común acuerdo ha sido siempre suprema Ley?". En resumen, "en vez de cimentar la Constitución sobre un principio abstracto y académico, cuestionable por lo mismo, la asiento sobre un hecho social constante en nuestra vida política".

En este ambiente, Tejada levanta el velo y lanza una carga de profundidad contra los (falsos) discursos fundados en la legitimidad histórica, a su juicio. Su posición es clara y terminante: "Y no se diga que tal como queda la nueva ley conserva la forma constitutiva de la antigua Monarquía. Esta, señores, es una falsedad con que en distintas épocas, desde 1812, se ha intentado deslumbrar al país para llevar al Gobierno nuevos y errados sistemas con la apariencia de rendir un homenaje a nuestras antiguas leyes y costumbres monárquicas. En 1812 dijeron los autores de aquella Constitución que ella no era más que la renovación de nuestras antiguas leyes fundamentales. En 1834 se dijo lo mismo... Ahora también dice el Ministerio que su intención es poner en consonancia con las necesidades actuales del Estado los antiguos fueros y libertades de estos Reinos y la intervención que sus Cortes han tenido en los graves negocios de la Monarquía".

Tejada ahonda en su argumentación al sostener que "esta aserción, hoy y en los anteriores tiempos, está desmentida por la experiencia, por la historia y por nuestro derecho público. De que antes hubiera, como hoy, Trono y cortes que intervenían en los graves negocios del Reino no se infiere que nuestras Constituciones modernas lleven los mismos principios que la antigua y veneranda de Castilla. Busquen los publicistas en ella ni en nuestro antiguo derecho público la soberanía del pueblo... busquen la dependencia anual del Rey para cubrir las ordinarias y permanentes obligaciones del Estado, la libre elección popular, la iniciativa de las leyes... y otras muchas disposiciones que en nuestros tiempos se sancionan y que ni aun conocieron nuestros mayores".

En fin, "aquí no se enlaza lo nuevo con lo antiguo, se destruye lo antiguo para reemplazarlo exclusivamente con lo nuevo... entre lo que son y lo que fueron estos diversos sistemas de gobierno no hay más que ciertas apariencias que se han aprovechado para dar una funesta dirección a los pueblos. Pero estas apariencias son muy débiles, el velo es muy trasparente". El diputado Tejada recuerda que "el Rey era la cabeza de la sociedad y del gobierno aun en nuestra Monarquía gótica, que distaba mucho del absolutismo. Dígase francamente si en los gobiernos democráticos, que se llaman parlamentarios, es el Rey en verdad la cabeza directiva de la sociedad y del Gobierno".

Sostiene Tejada que "en España no hay más que un poder social que nadie niega, que todos respetan, al que todos se acogen, que todos los partidos necesitan y en el que solo existe aquella elevada imparcialidad que, inspirando a todos confianza, a todos puede dispensar justicia". La propuesta alternativa de este parlamentario es esclarecedora de sus posiciones. Propugna que "se debe partir de la Monarquía, que es la base y el complemento de todos los derechos y en España, señores, el más antiguo de los derechos. Y en lugar de querer moderar la revolución, que aun moderada es la injusticia, proponerse decididamente moderar el poder de la antigua Monarquía; de esa antigua institución legítima, nacional, con la restauración de las antiguas leyes fundamentales, acomodadas a las necesidades de estos tiempos, por medio de una organización que descendiendo del Trono (único poder que tiene fuerzas para sacarnos de la anarquía y que tiene el sentimiento unánime, sí, unánime de todos los españoles) asegure los derechos legítimos del país y las facultades efectivas de que necesita el Trono para regir con majestad y firmeza tan vastos y diversos dominios, dando al mismo tiempo sanción legítima y garantías positivas a los derechos y a los intereses de todas las clases, de todos los individuos de esta Monarquía".

En pocas palabras, para Tejada "solo será permanente y definitivo en nuestro tiempo el gobierno y verdadero de nuestra adorada Reina (no las apariencias de gobierno monárquico que hoy tenemos) sobre leyes fundamentales que lo moderen con la intervención puramente legislativa de las altas clases y de los propietarios del Reino". Este modelo lograría conciliar "los derechos e intereses antiguos y modernos en el orden social y político, bajo los auspicios y garantías de la autoridad tutelar y suprema de la Monarquía".

Ante esta intervención, toma la palabra el Ministro de Estado, Martínez de la Rosa, y reivindica "el cumplimiento de las antiguas leyes de la Monarquía, leyes que habían unido con lazos indisolubles a los dos grandes poderes de la Nación: a las Cortes y a la Corona. Leyes que conservaron siempre este mismo espíritu y tendencia desde el principio de la Monarquía gótica hasta el último de los Monarcas que han regido esta Nación".

Advierte Martínez de la Rosa que "ha habido, señores, una escuela política, hija de la revolución francesa, o por mejor decir, formada en ella, hija de las doctrinas filosóficas del siglo XVIII. Esta escuela, a que pertenecieron los fundadores de la libertad en Francia, pagando tributo a la inexperiencia, como también lo pagaron los legisladores de Cádiz, se distingue en que hace demasiado caso de las teorías, en que no cuenta para nada con la Historia, la borra, por decirlo así; se forma en la imaginación unos Estados a su gusto, como si salieran de debajo de tierra, y después quiere aplicar a todas las Naciones indistintamente ciertas teorías generales, ciertos principios especulativos, sin tener en cuenta la vida de las Naciones, esta larga serie de hechos, estos hábitos que forman la vida peculiar de cada país. Pero si esta escuela suele caer en extremos y conduce a aplicaciones también inexactas y peligrosas, hay asimismo otra escuela que podemos llamar *histórica*, y a la que, según se ve, pertenece el Sr. Tejada, la cual tampoco está exenta de peligros cuando se extreman sus principios y se traen a la aplicación"[51].

Para el Ministro, "no es lícito destruir las instituciones de nuestros mayores, ni tener en menos los adelantos que hicieron, no señores, no debemos ser hijos ingratos, porque aquellos que desprecian a sus mayores son después menospreciados de sus hijos. Pero también es menester huir de otro extremo a que se ha acercado mucho el Sr. Tejada, cual es el de realzar en demasía las instituciones pasadas y los tiempos trascurridos, para rebajar el mérito de los presentes".

[51] DSC, 12 de noviembre de 1844, 397-398.

Soberanía nacional frente a omnipotencia parlamentaria

Posada Herrera toma la palabra y protesta por el uso torticero de la Historia[52]. Recrimina "¿de que fueros y libertades se habla aquí? ¿Se habla del tiempo que los fueros y libertades no eran de derecho público? Entonces los pueblos tenían unas libertades, los ricos y los nobles tenían otras. Ahora no tienen libertades, sino libertad". Además, cuestiona que las Cortes hayan tenido la intervención que la reforma gubernamental supone en los negocios graves de la Monarquía, como podrían mostrar el reinado de Carlos V o los siglos XVII y XVIII. Para Posada conviene "no faltar a la realidad de los hechos... cuando se busca el apoyo de la Historia, se debe buscar un apoyo verdadero, no ficticio".

Este diputado plantea el peligro de que al huir "de un extremo vamos a caer en otro, huyendo de la soberanía nacional vamos a caer en la del Monarca... ¿no sería mejor sustituir este principio que puede ofrecer cuestiones graves, que puede ofrecer dificultades, no sería mejor, repito, decir «las Cortes han decretado y Nos sancionado lo siguiente»? De este modo, en mi concepto, se verían consignados en el preámbulo los principios políticos de unas y otras personas, de unos y otros partidos y, sobre todo, los de la soberanía parlamentaria que se trata de establecer de una manera tan omnipotente". Asimismo, advierte del riesgo de incluir "en el preámbulo ese principio dudoso de los fueros y libertades, y cómo esto pudiera servir de pretexto a algunos para destruir la Constitución". Obsérvese la prudente cautela de Posada que advierte que aludir a legalidades preexistentes al propio texto constitucional podría abonar las tesis carlistas.

La respuesta tajante a Posada viene de la mano de Díaz Cid, quien reitera que el proyecto gubernamental y el dictamen de la comisión constitucional parten del "principio de la omnipotencia parlamentaria o, mejor dicho, el principio de que las Cortes con el Rey son el único Poder constituyente para dar leyes a la Nación, bien sean comunes, bien sean fundamentales". Tal es "la existencia que está en nuestras costumbres, en nuestras leyes, que se levanta hasta el origen de la Monarquía... no fijamos

[52] DSC, 12 de noviembre de 1844, 407-411.

más que un hecho constante, cierto, positivo. La facultad de hacer las leyes reside en las Cortes con el Rey, y este es un hecho indisputable… un principio constantemente consignado en la historia de nuestra Monarquía".

En un repaso por nuestra Historia del Derecho, el diputado plantea que solo las Constituciones del 12 y del 37 parten del principio de soberanía nacional, inédito en nuestra historia jurídica, "estos son los dos únicos" casos. En todos lo demás, rige el principio de omnipotencia parlamentaria. Así, "véase el Fuero Juzgo y se encontrarán todas las leyes, todas las disposiciones hechas en los Concilios de Toledo, donde concurrían los nobles, los sabios de la Nación, los sabios de nuestra corte, como dicen las leyes, donde concurrían los prelados y obispos y todos presididos por el Monarca. Y todas las leyes están encabezadas en esta forma, o al menos las principales". Es decir, "allí, como nosotros ahora, los dos poderes del Estado, el Rey y la Nación, las habían adoptado para que se tuvieran por leyes de la Monarquía". En tiempos posteriores, "así en Navarra, como en Aragón y en Castilla, las Cortes con el Rey fueron los que hicieron las leyes... y no se me citará un solo caso en que la Nación española se instituyera en independiente, si por Nación se entienden los cuerpos legisladores".

Cid aprovecha la ocasión para criticar el texto constitucional gaditano por su uso torticero de nuestra historia jurídica: "Yo veo con violencia interpretada la legislación antigua de España en el discurso preliminar de la Constitución del año 12, y veo que se da tormento a aquellas leyes; pues, aunque se dice que en tiempo de la dominación goda se hacían las leyes por las Cortes con el Rey, a pesar de eso las Cortes se reconocen y proclaman soberanas y tratan de dar leyes al poder monárquico".

Para este diputado, el principio de la omnipotencia parlamentaria tiene la virtud de que "nivela los dos poderes del Estado, sin que haya preponderancia del poder del Monarca sobre el poder legislativo, ni del poder legislativo sobre el del Monarca… ninguno se rebaja, ninguno se menoscaba, ambos tienen la misma representación y decoro, ambos se presentan con la misma dignidad cuando van a darse las leyes fundamentales del país". En suma, "este poder constituyente, que es el de las Cortes con el

Rey, es el poder único capaz de dotar al país de las leyes que le convengan y que se acomoden a sus necesidades".

¿Monarquía o federación de repúblicas independientes?

A juicio de la comisión parlamentaria, este fue el debate que vertebró la Edad Media española. Lamenta este órgano que "nuestros ojos atónitos han visto renovada en el siglo XIX en nuestra España aquella gravísima y porfiada contienda que se levantó en los siglos medios entre nuestros Reyes con las Cortes, por una parte, y las corporaciones municipales por otra, sobre si España había de ser una Monarquía o una federación de repúblicas independientes". Conforme a esta tesis, Reyes y Cortes defenderían una monarquía más o menos centralizada, mientras que los ayuntamientos apostarían por acuerdos de asociación entre entes soberanos infraestatales.

Pues bien, "la comisión cree que la victoria debe pasar ahora a los reales de la potestad central, como pasó entonces a los de nuestros Príncipes, cuyo constante oficio, ayudados por las famosas Cortes de estos Reinos, ha sido unir estrechamente y con una blanda lazada todos los miembros de esta vasta Monarquía y ensanchar los términos de esta Nación que han gobernado con un imperio justo y con un cetro dichoso".

Y el camino para lograrlo fue un camino jurídico: "A los fueros opusieron los códigos, al derecho privilegiado el derecho común, las leyes civiles a las feudales, la justicia del Rey a la de los barones; con esto, con abrir anchos caminos a los hombres consagrados a los estudios de la sabiduría y con traer trabados entre sí con leyes justas y templadas a los grandes con los medianos y a estos con los pequeños, llevaron la organización de esta Monarquía a dichoso término y remate".

La comisión no tiene dudas, dado que "esta y no otra es la senda que hay que seguir en los momentos presentes… Al Rey con las Cortes toca dotar a la Nación de aquellas leyes orgánicas que arranquen de raíz de nuestro suelo esas fecundísimas semillas de alteraciones y trastornos".

LAS CORTES

La Constitución de 1837 acoge en varias ocasiones elementos histórico-jurídicos en el debate de su articulado, en lo tocante a las cámaras legislativas. Cuando la comisión constitucional presenta las bases para la reforma del texto gaditano, alega que "la pérdida de la libertad de España y el desuso en que cayeron nuestros antiguos y venerables fueros se atribuye en parte, con razón, a que, no juntándose las Cortes en épocas determinadas, se fue retardando su reunión hasta que, acrecentándose en su ausencia el poder de los Reyes, prescindieron de ellas absolutamente" [53]. De ahí la necesidad de que no pase un solo año "sin que se reúnan las Cortes". Ello no es óbice para residenciar en el monarca la facultad de convocarlas y disolverlas. Al mismo tiempo, la comisión constitucional propone dividir la cámara única gaditana en dos cámaras, para conocer más fielmente la opinión nacional que debe guiar la acción de gobierno. Descarta, no obstante, que la segunda cámara sea de naturaleza privilegiada, ni hereditaria, por contrarias al principio de igualdad. A la hora de elegir a los diputados, explicita su preferencia por la elección directa (en sustitución de la gaditana, indirecta en cuatro grados) y aclara que "podrán ser elegidos indefinidamente".

---

[53] DSCC, 30 de noviembre de 1836, apéndice primero.

Esta base, en particular el bicameralismo superador del unicameralismo gaditano, fue objeto de debate amplio en el seno de la cámara, con algún partidario de sostener la única cámara, y con la mayoría favorable a la dualidad, pero siempre que su composición no fuera ni privilegiada, ni hereditaria[54]. Por ejemplo, la posición del Secretario del Despacho de la Gobernación defiende la existencia de dos cámaras como medio de evitar un choque entre el legislativo y el ejecutivo, como un elemento moderador para evitar que lleguen al monarca leyes que este se vería obligado a vetar, con el consiguiente perjuicio institucional. Y, a su juicio, la experiencia propia y de otros países muestra que un sistema unicameral está sujeto a mayores y más profundas crisis institucionales que uno bicameral, donde la segunda cámara lubrica la relación entre los poderes legislativo y ejecutivo. Recuerda el responsable gubernamental que "entre nosotros, señores, las Cortes son tan antiguas como lo es la Monarquía. Bien sabido es que desde el principio del reinado de los visigodos fue ley fundamental la reunión de las grandes juntas nacionales... a ellas concurrieron las dos clases privilegiadas, pero faltó entonces al pueblo la representación; no es allí donde se ha de buscar el origen y el carácter de las prerrogativas que adquirió después". Apunta el responsable gubernamental que "todo varió desde fines del siglo XII".

En cuanto a la opción de la comisión a favor del sufragio directo, algunos diputados hacen oír su voz en defensa de la elección indirecta. Uno de ellos, Falero, entiende que propicia una mayor participación de un mayor número de electores, lo que concuerda con la tradición histórica, pues "a la entrada de los cartagineses y romanos había pueblos libres con quienes sus mensajeros ajustaron tratados de alianza, de paz y de guerra. Después que los godos se establecieron en España, la misma Nación estaba representada

---

[54] Ejemplo de diversas posiciones en este debate en DSCC, 16 de diciembre de 1836, 650 ss. Sobre la cámara baja vid. J. BARÓ PAZOS, "Hacia la consolidación del régimen parlamentario en España: El Congreso de los Diputados en la Constitución de 1837", *Revista de Estudios Políticos (nueva época),* 57 (julio-septiembre 1987), 55-106 (https://dialnet.unirioja.es/servlet/articulo?codigo=26943, consulta 7 de octubre de 2020).

en esas juntas nacionales, y el pueblo estaba en ellas verdaderamente representado por los Obispos, pues allí no representaban al Papa, sino que la Nación y el clero los elegían"[55]. El diputado Sancho le corrige que "en España al tiempo de los cartagineses había libertad, civilización, pero no régimen representativo: este es hijo de la anarquía feudal. Los señores se reunían porque los Reyes no tenían fuerza; formaban una junta, daban la ley al monarca. De esta anarquía se formó el sistema representativo que se ha perfeccionado con el tiempo y con la experiencia".

Tercia el diputado Antonio González y niega que la elección indirecta haya sido la norma en nuestra Historia, al contrario, "en los siglos XIV y XV estas elecciones se hacían de un modo directo; pero después con el transcurso del tiempo se falseó el principio sobre que estribaba esta elección, y solo cuando en los campos de Villalar fueron derrotadas las comunidades con pérdida de su caudillo el inmortal Padilla, entonces fue cuando recibió el golpe mortal la elección directa; entonces fue cuando vencidos los defensores de los fueros e inmunidades patrias se estableció el sistema de los veinticuatro, muy conocido en España, y ya entonces entró la elección indirecta. Entonces fue cuando se principiaron a vender como una vil mercancía los oficios municipales en España; desde entonces se obligó a los ayuntamientos a que sorteasen los individuos que debían venir a reemplazar a los anteriores; desde entonces se dieron estos oficios por gracias o remuneración a tales o tales individuos o familias de entre las que circulaban en la corte". En resumen, "precisamente en aquellos tiempos en que más brillaba la libertad en España y cuando los fueros de Castilla no eran arrollados por la tiranía no regía otra elección que la directa. No se diga, por lo tanto, que el pueblo español está tan acostumbrado a la elección indirecta".

Del unicameralismo al bicameralismo

Con motivo ya del debate sobre el proyecto de Constitución, una vez aprobadas las bases, el diputado Castro objeta la novedad del nombre

[55] DSCC, 27 de diciembre de 1836, 791-793, 797.

asignado a la segunda cámara por la comisión constitucional y sugiere buscar una denominación más acorde con nuestra tradición histórica y que no recuerde a instituciones foráneas[56]. Un miembro de la comisión, Olózaga le explica que la comisión "tenía que crear algo, porque no habiendo en España más que un cuerpo con el nombre de Cortes, y habiendo de formar dos porque así estaba acordado, necesitaba inventar un nombre o adoptar alguno de los conocidos. La comisión ha conservado la palabra *Cortes* para significar todo el poder legislativo, porque eso ha significado en todos los tiempos y significa actualmente, y cuando se encuentra una palabra nacional que lleva consigo recuerdos gloriosos y que es entendida de todos, no es lícito alterarla si se busca la claridad". La comisión eligió el nombre de Senado para la segunda cámara al ser un nombre conocido en España "porque el país primero que lo adoptó conquistó el mundo y extendió por él sus instituciones". Además, hay "otras Naciones que lo llevan gloriosamente y cuyas instituciones son más análogos con las nuestras". Asimismo, exhorta a quien critique el nombre elegido a que ofrezca una alternativa mejor.

La cuestión de las denominaciones resurge en el debate posterior del proyecto por artículos. Frente a alguna propuesta que prefiere la denominación de "Estamentos", el diputado Heros sostiene que nuestra historia política lo desautoriza[57]. El objetante solo encuentra tal denominación aplicada a la reunión de los miembros de las Cortes de Aragón en el intervalo temporal que transcurre entre su encuentro fáctico y la apertura formal de las Cortes por parte del monarca. Asimismo, cita que en Cataluña la expresión fue usada para aludir "no solo a los brazos de que se componían las Cortes, sino a los que nosotros llamamos gremios… de donde resulta que esta palabra *Estamento* se aplicaba a cualquiera reunión de las diferentes clases del Estado".

Por su parte, para abordar cierto rechazo que genera la palabra Senado escogida por la comisión para denominar a la segunda cámara colegisladora, Argüelles ofrece que "desde luego abandonará la comisión la

[56] DSCC, 13 de marzo de 1837, 2109 ss.
[57] DSCC, 8 de abril de 1837, 2570-72.

palabra *Senado*, que tanto horror causa, luego que se le presente una más castellana, más nacional, más municipal que esta, y doy carta blanca a los señores diputados para que la propongan". Enfatiza el asturiano que la comisión "en cuyo seno hay individuos puramente versados en la historia política de España, ha trabajado muchísimo y no ha podido encontrar palabra alguna, no digo superior en sentido y propiedad, sino que iguale a esta". Es preciso tener en cuenta –seguimos al parlamentario- que "desde el principio del siglo XIII no tenemos en España una palabra que pueda decirse con más acierto que evite toda disputa que la palabra *Cortes*, porque es la palabra técnica nacional que nadie nos ha disputado desde que se comenzó a hablar el castellano". Siendo así, "¿por qué hemos de desechar la palabra *Senado* que... es una palabra cuyo significado lo entiende todo el mundo, pues hoy día no hay persona de una regular educación que no conozca la que ha sido hasta el siglo XVI en la lengua culta, la literaria y aun la diplomática?".

¿Un Senado vitalicio regio o uno temporal popular?

Aprobada finalmente la denominación de Senado por una abrumadora mayoría, la cuestión objeto de debate versa en torno a la composición y facultades de esta segunda cámara. El diputado Castro recuerda que "la desgracia de haber nacido en el pueblo en que mandaba un Rey solo, en un país en que solo su voluntad y su capricho era la norma de sus acciones y el recordar, en fin, la historia de la mayor parte de los Reyes que nos presentan acaso excesos, abusos de autoridad que sirvieron para oprimir a los gobernados, esclavizarlos, y tal vez envilecerlos, ha hecho que no podamos considerar jamás el nombre de Poder Real, el de Monarca, sin que se nos presenten esas ideas que se le asocian y que, si en algún caso han sido ciertas, no por eso constituyen la esencia de la Monarquía ni del gobierno moderado"[58]. Añade que, en los gobiernos absolutos, "donde quiera que no hay leyes que repriman el abuso del poder, donde no están limitados, divididos y en armonía, no se necesita más que una persona que mande, un ejército que ejecute y un pueblo que obedezca; pero cuando se

[58] DSCC, 8 de abril de 1837, 2578.

trata de poner un dique, de alzar una muralla a los abusos del Monarca, a los extravíos de los partidos, preciso es que haya un poder que modere los excesos y los empeños de uno y otro"; de ahí la necesidad de esta segunda cámara.

Para justificarlo, Castro también acude a cierta explicación psicológico-organicista al apuntar que "el hombre tiene un juicio que delibera, una voluntad que ejecuta obedientemente sus mandatos; pero tiene además una memoria que le recuerda los extravíos a que otras veces le han llevado sus errores, los peligros a que le condujo su voluntad, y templa, por decirlo así, la acción violenta, la acción eficaz de un juicio falso o de esa voluntad precipitada". Los dos objetivos esenciales de esta segunda cámara serían, por un lado, servir al Trono para defenderle "porque necesitamos un Trono, señores, necesitamos una Monarquía para asegurar nuestra libertad"; por el otro, "detener, suspender los ataques del poder contra los pueblos, servir de escudo a esa cámara popular". El objetivo de Castro va dirigido a que esta cámara moderadora sea elegida directamente por el monarca, sin intervención popular alguna.

Le responde el diputado Heros, quien admite tener la desgracia "de comenzar fulminando contra mi mismo un anatema que un célebre poeta del siglo pasado fulminó contra mis compatriotas, y es «que jamás convino hacer el andaluz del vizcaíno». Digo esto, porque después de haber oído a un orador joven, fecundo, pomposo e instruido hablar contra el dictamen, tengo que entrar a defenderle yo, antiguo militar encanecido en la desgracia y en el servicio de la Patria, de corto estudio y poco razonador por carácter y por el país en que nací, y sobre todo a razonamientos políticos. Y no es sin duda porque no haya leído lo que se ha escrito de política en estos tiempos por Bentham, Benjamin Constant, Montesquieu y demás publicistas, sino porque todos me han fastidiado en razón a que ninguno resolvía las cuestiones políticas con referencia a las circunstancias y necesidades de España. Y como a esta he dirigido siempre mis vigilias, y en las doctrinas de aquellos autores no he hallado conformidad alguna con los hábitos, tradiciones y costumbres del pueblo español, no he podido acomodarme a sus doctrinas"[59]. Heros confiesa que no es conservador, "porque hasta ahora no se ha hallado ningún almíbar político en que se guarde esa conserva, como no sea en el antiguo dicho de... que la justicia es el verdadero mantenedor y conservador de los Tronos y Coronas". A partir de este principio, y de que "el gobierno se ha de practicar como se pueda", sostiene que "el Senado cual se propone es del único modo que se puede practicar y nos conviene en España".

Para probarlo, acude a "nuestra historia, porque siempre gusto de ejemplos domésticos". Plantea que el problema clave de los últimos siglos puede quedar resumido en la siguiente pregunta: "¿En qué consiste que siendo los límites de la Monarquía de Castilla tan vastos que se extendían desde los mares de Asturias hasta el estrecho de Gibraltar y desde La Coruña hasta Cartagena, en qué consiste digo que, cuando todo parecía que debían progresar en ella, y aun dominar a sus limítrofes, estuvo por el contrario turbada constantemente durante los siglos XIII, XIV y XV; al paso que la pequeña Monarquía de Aragón se mantuvo casi siempre en paz?". Para Heros la diferencia radica en "la permanencia y estabilidad de las instituciones de Aragón". El parlamentario aplica el mismo criterio al plano internacional, pues "¿en qué consiste, acercándonos más a nuestros tiempos, que siendo las instituciones de Inglaterra las más aristocráticas que tengamos a la vista, sea aquella Nación la más libre conocida, al paso que la Francia, con cincuenta años de ensayos y vicisitudes, todavía está muy distante de ser libre?".

En aras de la estabilidad, Heros defiende un Senado vitalicio en cuya elección tome parte el pueblo de algún modo. Una de las razones de esta opción también es histórica: "¿A quién debe España su grandeza actual? Al pueblo. ¿A quién debieron los ilustres Reyes Católicos todo su poder y esplendor? Al pueblo. ¿De quién partieron todas las grandes empresas y todas las glorias de la Nación española? Del pueblo. Esto, señores, no es una opinión de un hombre nacido en un país enteramente popular y de igualdad legal, no". A su juicio, la clave estuvo en la creación de las "hermandades de

---

[59] DSCC, 9 de abril de 1837, 2596 ss.

Castilla, con lo cual se trajo a raya a los grandes del Reino que, acostumbrados a traficar con sus servicios, una veces se declaraban por la Beltraneja, otras por el Rey de Portugal, y no querían obrar de modo alguno si antes no se les ofrecían cuantiosos donativos, acostumbrados a los escándalos de Enrique IV, que tenía los diplomas de las mercedes en blanco para que los agraciados los llenasen con los pueblos que quisiesen; diplomas que yo he visto y pueden verse originales en la Academia de la Historia. De aquellas hermandades, o sea, de aquel principio popular, derivaron todas nuestras glorias". Ello también muestra que "el Rey que se fía, que se entrega a su pueblo, que lo gobierna con justicia, ese es el Rey que contrae mayores títulos a la gratitud general".

De diverso parecer es el diputado González Alonso, quien entiende que los títulos vitalicios "no fueron en general más que un azote… no fueron más que los instrumentos de la anarquía por dos o tres siglos. Esta es una verdad, y para comprobarlo yo llamo la atención de lo pasado en los últimos días de Alfonso el Sabio, el compilador de las Partidas, días amarguísimos. Yo llamo la atención de las Cortes hacia las épocas aciagas de D. Fernando IV y de Alfonso XI, de aquellas tristes madres y abuelas, de aquellas infelices tutoras que eran el juguete de los Laras, de los Castros y de los Infantes mismos, de los miembros de la familia Real".

Por su parte, el diputado Venegas clama: "Yo, pues, constante en mi lenguaje claro, puro, terminante, castizo, protesto a las Cortes de que soy español, que soy del pueblo, pertenezco al pueblo y quiero que todo se haga por el pueblo y para el pueblo. Esto no es doctrina napoleónica y propia de aquel déspota… este es un axioma político, un axioma de sana moral, un axioma evangélico"[60]. Junto a ello, reniega de la doctrina que sostiene "que las Naciones son para los Reyes. Esta es una doctrina bárbara, una doctrina cruel, una doctrina degradante de la dignidad del hombre". La consecuencia es clara, dado que "si todo procede del pueblo, y el Trono mismo, es indispensable que los Diputados del Congreso nacional y del Senado, que

[60] DSCC, 10 de abril de 1837, 2627 ss.

son por el pueblo y para el pueblo, tengan un origen popular. Estas máximas son las más nacionales que ha podido enunciar la comisión de Constitución".

Para Venegas, esta "doctrina nacional" es "tan antigua como la misma Nación". A partir de este punto aborda una curiosa interpretación de la historia de España. Plantea que en tiempo de los romanos "lo más que había en cada provincia era un hombre distinguido de la misma, a quien daban el nombre de Príncipe, el cual regía y gobernaba la provincia por medio del Senado, de las municipalidades, porque, a mi modo de ver, las municipalidades de España datan de aquella época". Los romanos "dejaron que las ciudades y sus municipalidades gobernasen municipalmente, pusieron procónsules y condes que dependían del prefecto de Roma, de modo que toda la influencia del poder romano se reducía casi a cobrar los tributos, pero de aquí no pasaba. En lo demás, el pueblo español era libre, el pueblo español se gobernaba por sí mismo, el pueblo español tuvo municipalidades perfectamente organizadas, las cuales se hallaban en las capitales de provincia y extendían su mando hasta los contornos".

Cuando llegan los godos "nos trajeron un nuevo sistema de gobierno: la Asamblea nacional para la elección de los Reyes". Veamos qué significa "Asamblea nacional" para el parlamentario: "Esta elección [la del monarca] pertenecía a los magnates, a los obispos y demás prohombres del reino y todo el Gobierno procedía de este origen popular". Añade más, pues, a su parecer, "las funciones de las Asambleas generales eran ilimitadas. El mismo Rey en el gobierno, singularmente en los asuntos generales pertenecientes a la Nación, en los pertenecientes a la guerra, en los pertenecientes a la paz, dependía de las Asambleas populares. Conserváronse, pues, las municipalidades en tiempo de los godos y se han conservado hasta nuestros días". Insatisfecho aún, Venegas resume que "el hombre que se distingue por sus virtudes, por su probidad, por su industria, éste entre los antiguos españoles se llamó Príncipe; y entre los actuales, el hombre que se distingue por su talento, por sus virtudes, industria o probidad, es el único hombre llamado para gobernar la Nación, es el único hombre que pertenece a la verdadera aristocracia, a esta aristocracia natural, porque la forma la misma naturaleza".

Nuestro parlamentario cuestiona la aristocracia de nacimiento y la culpa de la derrota de las Comunidades contra Carlos V. Antes de la llegada del monarca flamenco los dibuja como "los únicos revolucionarios y reaccionarios de España, los que afligían a la Monarquía y a los pueblos, los que arrancaron para sí las gracias enriqueñas y los que se hicieron ricos hombres de pronto. Pero vamos adelante. El cardenal Jiménez de Cisneros, que los conocía perfectamente bien, los ató, les cortó los vuelos cual debían y los imposibilitó casi de volver a ser reaccionarios y turbulentos". Pero la llegada de Carlos V y el levantamiento comunero determinaron que el mismo monarca escribiera "a los grandes prometiéndoles convenientes recompensas si defendían la causa del Trono; y cierto, a su vuelta los recompensó como merecían sus servicios, rebajándolos de la clase de próceres turbulentos a la condición de nobles servidores de palacio". La gran "víctima de la libertad de su Patria" sería Juan de Padilla.

El fracaso comunero representa el punto de inflexión y, a partir de ahí, "continuaron los déspotas o amigos del despotismo en su proyecto de encadenar a la Nación española; y como para ello les era indispensable y necesario, destruir los fueros de Aragón, se valieron de la primera ocasión que se presentó y mandaron ejércitos que efectivamente los destruyeron". Su afán le lleva a sostener que "a un tirano así es a quien se resistían los aragoneses y a un tirano así es a quien los clérigos y los frailes decían que debía resistirse y daban facultad a todo el mundo para que a boca llena le llamase tirano". Desde Carlos V, "los grandes Consejos que se formaron entonces fueron los verdaderos elementos del absolutismo". En consecuencia, defiende que solo el pueblo tiene derecho para ser llamado al Senado, dado que es el pueblo "el que en todas ocasiones ha hecho resistencia a la tiranía… y no hay ninguna clase en España que pueda ser privilegiada sobre él. El pueblo tiene un derecho para votar y es el que debe hacerlo, porque el pueblo no se engaña en designar las personas que merecen su confianza".

Antes de realizar una sorprendente pirueta dialéctica, el diputado Venegas aclara: "Yo soy un clérigo y no estoy aquí como clérigo, sino como un ciudadano que ha debido a sus comitentes el honor de haber sido electo diputado. Mis opiniones no son de clérigo, sino de un ciudadano... Para mi, señores, es evidente que la Iglesia es la república cristiana. Para mi es evidente que el Divino fundador de la Iglesia ha sido el filósofo más grande que ha existido en el mundo y el demócrata más perfecto. El Evangelio es el verdadero libro de la igualdad; sin embargo, yo en el Evangelio encuentro el tipo del gobierno representativo, porque el gobierno representativo-monárquico, a mi modo de ver, no es más que la perfección del gobierno republicano. Soy defensor de la Monarquía moderada, a ella pertenezco y por ella haré todos los sacrificios que estén a mi alcance".

En respuesta a tamaña reivindicación popular, el diputado Jerónimo Ceballos le replica que "todo para el pueblo y todo por el pueblo se dice, y yo digo, señores, que los pueblos se hacen tan déspotas y cometen tantos disparates como los Reyes, porque veo pueblos donde dominan trece o catorce hombres y estos son otros tantos satélites del absolutismo".

El diputado Mata Vigil tercia en la discusión al ponderar las ventajas del gobierno representativo que preserva "al pueblo de los horrores del despotismo, por un lado, y por otro de la licencia de la anarquía, peor mil veces, peor mil veces, repetiré siempre, que el despotismo más desenfrenado. En un gobierno representativo se trata de impedir los males que causa el despotismo, dividiendo el ejercicio del poder; pero no debe dividirse tanto que se multipliquen demasiado las ruedas y resortes de la máquina social, en términos que chocándose y rozándose de continuo sirvan de impedimento al movimiento y uso de la misma máquina"[61].

Como siempre que es preciso cuando la tormenta arrecia, Argüelles intenta ofrecer calma. Recuerda que nadie duda en Inglaterra o Francia que la autoridad del monarca deriva del mismo principio de soberanía nacional y no del derecho divino, de modo que, "en Francia se tiene reconocido el mismo principio que en Inglaterra de que el pueblo, de que la Nación es el origen de todos los poderes". De igual modo, "el título que Su Majestad Doña Isabel II tiene a la Corona de España" deriva del mismo principio. Cuando Carlos IV y Fernando VII protagonizan los sucesos de Bayona y

[61] DSCC, 11 de abril de 1837, 2650 ss.

pretenden traspasar la Corona a Napoleón, "la Nación conoció que era la usurpación de un Trono y se levantó en masa, y conservó sin embargo un exceso, acaso en grado extraordinario, de generosidad con su Rey, a pesar de que tenía títulos poderosos para haber dicho: pues que Usted no ha hecho mejor uso de su autoridad, vaya Usted con Dios; elegiremos a quien nos parezca. No hizo esto, sin embargo. De un modo unánime, extraordinario, sin ejemplo en la historia del país, revalidó este título, a pesar de que el Rey no repugnó lo que Napoleón quiso, pues no consta que hubiera habido de parte de aquel la más pequeña resistencia ni física, ni moral; se allanó a todo".

Y de su mano llegamos al mismo origen del gobierno representativo que surge de las cenizas del despotismo absolutista: "Es verdad que usando de un poder absoluto [los Reyes de España] absorbieron en sí mismos las facultades correspondientes a otros poderes del Estado; pero convencida la Nación por la desgraciada experiencia que tuvo por espacio de muchos años, de poner un temperamento o dar alguna limitación a esta excesiva extensión de facultades, la buscó en el sistema representativo. ¿Y en qué consiste este? En crear unos cuerpos de súbditos del Monarca que con él compongan esta máquina que ha de dirigir el Estado".

Para frenar los respectivos miedos de quienes, o bien creen que el Senado puede devenir en una segunda cámara aristocrática, o bien temen que pueda terminar en un cuerpo popular precursor de la anarquía, Argüelles aclara que los súbditos que formen esos cuerpos que compongan la máquina estatal con el Rey "¿quiénes han de ser, sino todos los españoles? ¿Se limitará solo a la clase de privilegiados? No, ni puede ser, porque los privilegios han desaparecido en España; no porque a nadie le haya ocurrido atentar a los títulos y condecoraciones de algunas personas, sino porque dejándolos en el goce de sus honores y títulos, dejando al pueblo que les tenga la deferencia y respeto hacia ellos que quiera, no gozan ya del señorío jurisdiccional que tan poderosos los hizo algún tiempo, haciéndolos superiores a sus conciudadanos. Han desaparecido tales privilegios, porque se hallan sujetos ya a todas las cargas del Estado como cualquiera otro ciudadano".

¿Un Congreso de los Diputados sin eclesiásticos?

Y al hablar de las antiguas clases privilegiadas, es hora de discutir el artículo que exige el estado seglar para poder gozar de derecho de sufragio pasivo en las elecciones a diputados del Congreso. En este punto, el parlamentario Heros apoya esta exclusión de los eclesiásticos, de modo "que el clero no tenga parte ni asiento en la representación nacional"[62]. Lo sostiene a pesar de que defiende que "la religión es el último grado de civilización y que, cuanto más religioso es un pueblo, es más ilustrado, bondadoso y pacífico", así como que "entre todos los cleros católicos de los diferentes países que he recorrido, el más nacional, el más patriota y más ilustrado es el español".

Para fundar su posición, entre otros argumentos, Heros alega que "el clero como tal, o sea como estado, nunca tuvo entrada en nuestras Cortes o Asambleas nacionales". Comienza por los godos, y sostiene que un obispo de entonces no tiene nada que ver con un obispo actual. Eran personas que "se casaban, puesto que varias veces se nos habla de las viudas de los obispos y de los presbíteros… ejercían jurisdicción civil… [eran] elegidos por el pueblo, sin que en ningún caso aparezca contacto alguno con Roma". En aquellos tiempos, los obispos eran "unos empleados públicos a quienes incumbía el cuidado de varios ramos, incluso el del culto y sus iglesias". Recuerda, además, que el *Liber Iudiciorum* (leyes de Wamba y Ervigio) recoge la obligación que tienen los obispos de salir con sus huestes contra los enemigos en caso de invasión. En resumen, "no hallando analogía alguna entre nuestro clero cual existe y el estado que tenía entre los godos, niego que este clero sea aquel, ni que fundado en aquel antecedente pueda pretender entrada en nuestras Asambleas".

Ahonda en este argumento cuando defiende que los eclesiásticos acuden a las asambleas medievales "más bien como jefes militares o señores feudales, que como prelados eclesiásticos o en representación de su estado, o sea del clero", dado que "siendo entonces lo común, y aun puede decirse que

---

[62] DSCC, 18 de abril de 1837, 2832.

el origen de juntarse las Cortes, el guerrear contra los moros, debe creerse sin dificultad que el deber de los obispos (por razón de sus honores, feudos o beneficios), era el que les llevaba a ellas, y no el representar al estado eclesiástico, o sea, a su clero". En otras palabras, "era consecuencia del carácter público que tenían, es decir, de los honores, feudos o vasallos que se les habían concedido en suma como funcionarios públicos, y no como eclesiásticos"[63].

Quizá una de las razones fundamentales de Heros para rechazar la presencia eclesiástica en la cámara radique en una cierta dependencia clerical "del Papa, en suma, de un soberano extranjero; de modo que, bien mirado, más cerca estaba el clero godo del anglicano que del actual; era en fin un clero nacional e independiente. Si el nuestro lo fuese como entonces, acaso no dudaría yo darle el derecho de que se trata, pero no lo es, señores, de ningún modo". Abunda en esta idea al apuntar que "basta para conocerlo el juramento que prestan nuestros obispos de conservar la autoridad y derechos de Su Santidad y de observar y hacer observar los mandatos y disposiciones de la corte de Roma".

Le replica el diputado Tarancón, quien aclara que cuando las fuentes hablan de viudas de obispos "lo que realmente sucedía era que los casados podían ser obispos separándose después de sus mujeres; no que, siéndolo ya, pudiesen contraer matrimonio, como el señor Heros sabe mejor que yo". Tampoco "es exacto que nuestros antiguos obispos no estuviesen en contacto alguno con Roma, pues se sabe que se ponían en correspondencia cuando lo exigía el estado de sus diócesis, como se ve por varias epístolas auténticas que los Sumos Pontífices dirigieron a los prelados españoles".

Venegas (eclesiástico él mismo) utiliza su turno contra las tesis excluyentes del clero como posibles electos para diputados al lanzar una serie de preguntas retóricas[64]. Desafía así: "El artículo dice que ha de ser diputado el español del estado seglar. ¿Vivimos o no constitucionalmente? ¿Está la Nación constituida o no? Lo está, y según la Constitución política de

---

[63] Interrumpida la sesión anterior, prosigue en DSCC, 19 de abril de 1837, 2854 ss.

[64] DSCC, 20 de abril de 1837, 2872 ss.

la Monarquía española. ¿Y qué quiere decir vivir constitucionalmente? Que no hay estados, ni hay clases, ni condiciones. Luego, cuando un pueblo se constituye todo desaparece, no queda más que el pueblo. ¿Y quiénes forman este pueblo? Los españoles. ¿Y hay diferencia alguna en él? No. El mismo Trono procede del pueblo, los senadores salen del pueblo, los diputados también: Todo este conjunto forma el pueblo español". Siendo así, tacha la propuesta debatida de inconstitucional. E inquiere cómo "siendo los individuos que componen la comisión de proyecto de Constitución tan ilustrados, tan sabios en estas teorías, hayan querido introducir en esta un artículo que no es constitucional".

La respuesta es histórica. Venegas confiesa que solo encuentra una razón: "Es que en España tres y dos no son cinco. Aquí todas las tragedias políticas tienen un enlace y un desenlace, son un enredo que se desenreda sin saber cómo, y yo creo que en esto los señores que han propuesto el proyecto de Constitución han sido extraordinariamente españoles, aunque no lo hayan sido en el discurso de intolerancia religiosa, que no está conforme con las costumbres de nuestros padres".

Para ahondar en sus fundamentos, este parlamentario refuta la tesis que sostiene que "los eclesiásticos jamás han tenido parte en la representación nacional". En cuanto a la época goda, afirma que "la mayoría del pueblo español, que era romana, ¿qué tenía que ver con aquel gobierno? ¿Cuál era su suerte? La de tener que sucumbir a un gobierno despótico, sujeto al principio a las leyes de los conquistadores; y después, por la voluntad de los Reyes, apareció el Código Teodosiano compendiado por Aniano con el cual se gobernaron hasta que últimamente, entrelazados y mezclados los godos y los romanos, se sujetaron a las leyes godas. Esta es la verdad, lo que resulta de nuestra historia. Los obispos arrianos y después los católicos en los Concilios o en las Cortes toledanas no representaron nada".

En las Cortes medievales estaríamos ante "una asamblea popular cuyo origen venía del trono, y por eso se llaman ciudades de voto en Cortes aquellas a quienes daban este voto los Reyes". Sin embargo, las asambleas trascendentales eran las de "próceres, de magnates y obispos… aquellos mandaban y porque mandaban en una monarquía electiva el Rey dependía de ellos… lo deponían según las leyes y aun, si se quiere, arbitrariamente". Pero "¿fue una representación popular, señores, la que ha habido en España? No. ¿Representaban estas asambleas a la Nación? No… porque la representación nacional no existía. Es verdad que esta representación les daba lugar a procurar por el bien de la Nación y a pedir la reforma de todos los abusos; pero no tuvieron más que el derecho de petición en la formación de las leyes y el derecho de acordar y acudir con contribuciones y subsidios. A esto está reducido todo lo que se decanta de los procuradores de Castilla. El Rey tenía el poder absoluto en todo lo demás; el Rey daba decretos, el Rey daba todas las gracias y, últimamente, el Rey en la administración no tenía la menor contrabalanza. Era legalmente irresistible".

Insiste el parlamentario que tales asambleas no eran representativas, dado que "el Rey llamaba por sus cartas a los grandes que quería y a los arzobispos y obispos que merecían su confianza… todo dependía de la autoridad real y que no hacía más que formarse un consejo. Es de advertir que esos magnates y obispos formaron el Consejo de Estado que se llamó así en España, hasta que se introdujo ese famoso Consejo de Castilla y otros famosos Consejos, que han sido los verdaderos instrumentos del despotismo". En resumen, si los eclesiásticos no formaban parte de la representación nacional era porque no existía tal representación nacional. La representación nacional solo comenzaría con las Cortes extraordinarias de Cádiz, "esa es, señores, la época, antes de ella no la ha habido en España jamás".

En este panorama, "¿qué papel han hecho los clérigos y obispos de España?... Han estado en posesión completa de todos sus derechos políticos. Solían ser presidentes del Consejo de Castilla y gobernadores, virreyes y capitanes generales, ministros y embajadores. Han estado, en fin, en la plenitud de todos los derechos políticos y civiles que han tenido los demás ciudadanos. Esto es evidente, esto procede de la Historia, esto ha llegado hasta nuestros días, lo hemos tocado y palpado con nuestras manos y visto con nuestros ojos".

Siendo ello así, al haber eclesiásticos elegidos diputados en las Cortes de Cádiz o en la misma cámara actual, la propuesta presentada por la comisión les privaría de derechos que han gozado hasta aquí sin perturbación alguna, "es un verdadero despojo de un derecho adquirido... es un despojo de un derecho adquirido por los individuos a quienes se pretende despojar y un despojo que se hace a la Nación española, la cual se priva de treinta mil individuos, entre los cuales hay centenares tan patriotas y tan ilustrados como el Sr. Argüelles".

Frente a la tacha presentada en torno a la falta de independencia del episcopado español, Venegas sostiene que "no ha habido unos hombres más independientes en España que los obispos". Comenzando con los godos "cuyas doctrinas y cuyo tesón contra la curia romana fue tan extraordinaria... los obispos españoles conservaron pura e íntegra la fe, la disciplina y la liturgia... y la sostuvieron con tesón admirable contra la corte de Roma". Venegas recuerda que la ruptura con el pontificado de Aviñón fue acordada por una junta de prelados y magnates presidida por el monarca que resolvió que "obispos y prelados regulares ejerciesen su autoridad con arreglo a los cánones". Cuando Carlos V (o Felipe V) rompió con Roma, ningún obispo dio la espalda al Rey, "nunca ha habido compromisos para los prelados españoles cuando la patria y el trono han reclamado sus trabajos y sacrificios, su lealtad, jamás... ¿Qué tiene que ver ningún español con Roma cuando la dulce voz de la patria retumba en sus oídos? El suponer otra cosa es hacer la mayor injuria al clero español".

En el turno de réplica, el diputado Antonio González arguye que "cuantos ejemplos históricos puedan citarse de lo que el clero ha hecho en otras épocas no podrán destruir los... ocurridos desde 1810 hasta el día y que prueban que el clero se ha manifestado siempre hostil a la causa de la libertad y al gobierno representativo, debiendo por esta razón ser excluidos del goce del derecho de elegibilidad".

El Senado en la Constitución de 1845

En el proyecto presentado por el Consejo de Ministros para reformar la Constitución de 1837, "la reforma capital que juzgan los Secretarios del Despacho, no solo conveniente, sino indispensable, es la relativa al

Senado"[65]. Recordemos que la cámara alta del 37 era elegida por el monarca entre una terna de elección popular. A juicio del gobierno, esta elección popular constituye un "vicio radical de dicho cuerpo". Abunda el ejecutivo al asegurar que "en el mero hecho de ser elegidos los senadores por los mismos electores que los diputados, esta identidad de origen destruye el fundamento de semejante institución".

A juicio del órgano proponente de la reforma, "un cuerpo de esta clase, para llenar cumplidamente su objeto, debe ofrecer estabilidad y firmeza, estar a cubierto del flujo y reflujo de las opiniones populares, movedizas de suyo, y prestar apoyo a las instituciones con su espíritu conservador, sirviendo de rémora y contrapeso al espíritu innovador, y a su vez provechoso, que naturalmente anima a las cámaras de diputados".

De acuerdo con la Historia, a los responsables ministeriales "no podía ocultárseles que el elemento más natural de semejantes cuerpos, de suyo conservadores, es el principio hereditario: principio de orden, de estabilidad, análogo a la esencia misma de la Monarquía y que ofrece a la par que defensa al Trono, independencia del poder para velar por las libertades y fueros de la Nación". No siendo posible llevar el principio

---

[65] DSC, 18 de octubre de 1844, apéndice segundo, 54-55. Este hecho determinó el debate del proyecto en la cámara alta, centrado generalmente en su propia reforma como cuerpo y carente de argumentos de interés diversos a los ya expuestos, por lo que toca a nuestro objeto. Cuando el proyecto llega al Senado, el Marqués de Miraflores advierte que en esta discusión ya han intervenido "los hombres políticos más distinguidos del país, y aun los Consejeros de la Corona han usado de la palabra más de una vez en los debates a que ha dado lugar en el otro Cuerpo; estas circunstancias hacen bien difícil nuestra posición para decir por lo menos algo nuevo" (DSS, 20 de diciembre de 1844, 131). En el mismo sentido apunta el Duque de Frías, y lamenta que la discusión no hubiera comenzado en la cámara alta, como la más afectada e interesada por la reforma (DSS, 24 de diciembre de 1844, 187). El debate mantenido sobre esta reforma constitucional en el Senado está disponible en https://www.senado.es/web/conocersenado/senadohistoria/senado18341923/actividadparlametariadiariosesiones/detalle/index.html?docn=000002360&base=IDSH (consulta 8 de octubre de 2020).

hereditario a sus últimas consecuencias, debido a la abolición de los mayorazgos (sin los cuales "apenas se concibe la trasmisión hereditaria, la vinculación en ciertas familias del derecho de concurrir a la formación de las leyes"), el Gobierno propone que "el Senado sea vitalicio y de nombramiento de la Corona". Ello otorgará a la nueva cámara "estabilidad e independencia... realce y prestigio, impidiendo en cuanto sea posible que se la adultere y rebaje con la admisión de personas no merecedoras de tan encumbrado puesto".

¿Un Senado hereditario y/o aristocrático?

Cuando este punto es debatido en el pleno, el Presidente de la cámara lee una exposición de la Diputación permanente de la Grandeza firmada ese mismo día en defensa de "los derechos y representación que desde los antiguos tiempos de la Monarquía española ejerció la nobleza de estos reinos en las grandes asambleas"[66]. El documento muestra que "este derecho es uno de los más antiguos de la Monarquía, forma una parte de nuestro derecho público, está enlazado con la misma Constitución del Reino y desde los primeros siglos de nuestra Monarquía gótica hasta el tiempo del Sr. D. Carlos V fue una ley fundamental respetada por todos los monarcas". El escrito reivindica que "uno de los antiguos fueros de la alta clase, a la que corresponden los exponentes, era tomar parte por derecho propio y por título de herencia en las Cortes del Reino. Esta participación hereditaria, tan conforme con los principios de sana política, debe ser una de las bases sobre que descanse la organización del cuerpo conservador que por la reforma va a constituirse con la cooperación de las Cortes". De ahí que defienda la conveniencia de "unir por medio de la herencia la nobleza de estos reinos con las instituciones políticas sobre la base de la propiedad territorial"[67].

---

[66] DSC, 16 de noviembre de 1844, 499 ss.

[67] Esta posición será apoyada en lo sustancial en la cámara alta por varios senadores. Así, el marqués de Miraflores –con matices-, el duque de Gor o el duque de Frías –más amplio y detallado en este último caso- comparten el mismo relato histórico que fundaría el derecho de la nobleza a formar parte del Senado conforme al principio hereditario (DSS, 24 de diciembre de 1844, 182-189; la parte sustancial de la

Toma la palabra Donoso Cortés (a la sazón, miembro de la comisión) para rechazar la naturaleza hereditaria de la cámara alta, pues "aceptando el principio hereditario, es decir, el principio aristocrático, edificamos sobre arena". Su fundamento radica en nuestra Historia, pues "España, señores, ha sido siempre una Monarquía, esa Monarquía en toda la prolongación de los tiempos ha sido una Monarquía religiosa, esa Monarquía en toda la prolongación de los siglos ha sido una Monarquía democrática". Los primeros dos caracteres no precisan explicación "porque mis ideas no son impugnadas por nadie y son conocidas de todos". En cambio, precisa, cuando habla de la Monarquía democrática, no habla "de la Monarquía de las turbas. La Monarquía democrática es aquella en que prevalecen los intereses comunes sobre los intereses privilegiados, los intereses generales sobre los intereses aristocráticos".

Para explicarlo realiza un excurso largo, pero de cierto interés por su carácter sincrético y la curiosa tesis expuesta. Explica Donoso Cortés que "la Monarquía española nació en Asturias. Yo no veo allí, señores, ni un rastro de aristocracia. Yo veo allí un Rey que representa la Monarquía, veo sacerdotes que representan la Iglesias, veo soldados que representan al pueblo. La aristocracia vino después, vino cuando debía venir, vino con la guerra y por la guerra, porque donde hay guerreros hay aristócratas. Entonces, señores, se levantó el castillo feudal, símbolo de la aristocracia, y no se puso al lado del Trono, se puso enfrente. De modo que el Trono para defenderse contra sus enemigos acudió a sus aliados, y al lado del castillo feudal levantó un monasterio, símbolo de la Iglesia, y un municipio, símbolo del pueblo. Así, señores, hubo dos guerras al mismo tiempo en España: una guerra extranjera y una guerra civil. La guerra extranjera era entre españoles

---

intervención del duque de Frías en pp. 187-189). En respuesta, el Ministro de Estado, Martínez de la Rosa, sostendrá que los nobles no asistían a las grandes asambleas políticas por aplicación del principio hereditario, sino por su fuerza militar –caso del reino godo- o por llamamiento regio y la actualización de este llamamiento regio es lo que constituye el eje de la propuesta gubernamental (pp. 189-191). El Marqués de San Felices insistirá en la defensa de este principio hereditario con fundamento histórico (DSS, 30 de diciembre de 1844, 201-202).

y árabes, entre el catolicismo y el mahometismo; la guerra civil era entre la aristocracia, por una parte, y la democracia, la Monarquía y la Iglesia por otra. Lo más singular, señores, de estas dos guerras, lo más singular, y este es un espectáculo singularísimo en nuestra historia, es que estas dos guerras empezadas al mismo tiempo, acabaron, puede decirse, casi en un mismo día, en tiempo de los Reyes Católicos, Reyes gloriosos, felicísimos, que en un mismo día acabaron con la guerra civil allanando por tierra los castillos feudales y la guerra extranjera clavando el estandarte de la cruz en los muros de Granada".

Recoge la muleta el diputado aragonés La Figuera para defender que, en contra de lo manifestado en sede parlamentaria, el principio hereditario es plenamente europeo, pues es acorde con "los principios nacionales, que son antes que todo para nosotros, y que son los verdaderos principios europeos y generales… esta Nación ha estado siempre afianzada en estos principios". Y es que "siempre ha habido Monarquía, siempre ha habido pueblo, siempre ha habido religión, siempre ha habido ayuntamientos y municipios… instituciones que se pueden llamar verdaderamente europeas". Añade que los nobles "fueron los primeros que contuvieron a los Reyes que aspiraban a ensanchar su poderío, los primeros que sostuvieron las libertades de su país y que hicieron cuanto convenía al buen gobierno del Reino".

Tercia Bravo Murillo para contradecir las tesis de Donoso, pues no puede "convenir de ninguna manera en que en España ha habido Monarquía democrática y que ha sido fuerte porque ha sido democrática. Por el contrario, yo creo que la Monarquía nunca ha sido más fuerte que cuando ha sido aristocrática, y cuando en España la aristocracia ha perdido su influjo se ha perdido la libertad"[68]. Este diputado incluye en la aristocracia no solo a la nobleza, sino también a la Iglesia y a "todos aquellos empleados y altos funcionarios del Estado que por sus servicios han llegado a los destinos más elevados y más influyentes de la milicia. De esos elementos se compone la aristocracia en España… La nobleza, la milicia y la Iglesia juntas han

[68] DSC, 18 de noviembre de 1844, 513 ss.

formado la verdadera aristocracia de la sociedad". Según sus tesis, nuestra Historia nos muestra "estar abiertas las puertas en España para que las clases más ínfimas de la sociedad lleguen a los más altos puestos de la Nación".

Por si fuera poco, "lejos de ser en España enemiga de la libertad la nobleza, ha sido la compañera inseparable de la libertad. Y téngase en cuenta que el poder absoluto de los Reyes se ha afirmado y se ha asegurado más cuando se ha deprimido el prestigio y la influencia de esa clase. Téngase, por último, en cuenta que cuando corrían aquellos tiempos que queremos empalmar con los nuestros y en que había Cortes por estamentos y la nobleza como el clero tenía parte en la formación de las leyes, España gozaba de sus libertades y tenía sus fueros... y cuando se deprimió a la nobleza se privó a la Nación de sus fueros y de su libertad". En suma, para Bravo Murillo "ha sido fuerte en España la Monarquía porque se ha apoyado en una aristocracia firme y poderosa y, si queremos una Monarquía fuerte en un sistema representativo, debemos dar lugar y hacer que tenga entrada en él esa clase".

Debe intervenir en el debate el Ministro de la Gobernación, Pidal, para recordar que el Gobierno no ha incluido el principio de la nobleza hereditaria al configurar la nueva composición de la cámara alta, "pues para ello era necesario el restablecimiento de las vinculaciones, lo cual presentaba grandes dificultades que arrostrar, en concepto del Gobierno". Aprovecha para recordar que ello no significa que la nobleza no pueda estar presente en dicho órgano colegiado, dado que el Ejecutivo "no ha creído que los individuos de esa clase debían ser llamados por herencia, sino por la Corona".

Al mismo tiempo, aprovecha para reivindicar el papel de las clases medias, "que tienen hoy día el poder social y deben ya tenerlo político, porque lo han conquistado en siete siglos de combates. Principiaron a nacer en el pequeño municipio o concejo, han ido fortaleciéndose con la industria, con el comercio, con la riqueza que estos dos ramos les proporcionaron en la Edad Media, hasta que llegando a ser poderosas llamaron a la puerta de las Cortes, porque las puertas de las asambleas políticas no se abren para nadie sino cuando el verdadero poder social llama a ellas". Pues, "¿quién duda, señores, que el grande hecho social de las actuales sociedades europeas es la influencia, el predominio de las clases medias?".

Por su parte, Orense, en su línea siempre crítica, cuestiona el carácter democrático de la Monarquía en la Historia de España defendido por Donoso Cortés[69]. Para fundarlo, recuerda que Felipe V "abolió los fueros de Valencia y de toda la Corona de Aragón, lo cual no veo que fuera muy democrático. Carlos IV, hasta las poquísimas reminiscencias que quedaban de nuestras antiguas libertades y nuestros antiguos fueros, las hizo desaparecer en la Novísima Recopilación. Y en cuanto a que Fernando VII no fue muy democrático, creo que basta mirar esos nombres que están inscritos en esas lápidas que acreditan el fin trágico que tuvieron los que durante su reinado abogaron por la democracia".

[69] DSC, 20 de noviembre de 1844, 542 ss.

EL REY

La Constitución de 1837 es discutida en unas circunstancias especialmente delicadas para la Monarquía[70]. Una Reina niña, una madre que actúa como Reina Gobernadora, un (ex)Infante de España que reclama su derecho al trono por medio de una cruenta guerra civil, y un largo etcétera de infortunios. En el trasfondo, la lucha a muerte entre liberalismo y absolutismo. En medio de tales amenazas, la Reina Gobernadora comparte su confianza en las Cortes Constituyentes y les adelanta que "no es posible imaginar en la generosidad española que sufra menoscabo ninguno la prerrogativa del Trono constitucional por la orfandad y niñez de la Reina inocente que está llamada a ocuparlo"[71].

Esta tensión entre lo nuevo que renace y lo viejo que resiste aparece en las discusiones que mantienen quienes, en teoría, están llamados a consolidar el orden constitucional frente a la amenaza absolutista del carlismo. El 19 de noviembre de 1836 las Cortes debaten acerca del dictamen sobre el título y autoridad de la Reina Gobernadora. Casi finalizado el debate, el diputado catalán Vila apunta que votará a favor, pero

---

[70] Aunque desde la muerte de Fernando VII hasta la revolución del 68 las protagonistas personales de este título constitucional son dos mujeres, Isabel II y su madre, los diferentes textos constitucionales (incluida la Constitución del 69) encabezan siempre este título con la denominación literal "Del Rey" (*vid.* J. A. ESCUDERO, *El Rey: Historia de la Monarquía,* 3 vols., Barcelona, 2008).

[71] DSCC, 24 de octubre de 1836, 29-32.

no en aplicación de la Constitución vigente, sino de las antiguas Constituciones de su provincia. Explica que "nuestros honrados conselleres presentaron siempre como base ese antiguo pacto, y me permitirá el Congreso que llame su atención hacia una de sus exposiciones, fundada en las Constituciones de la provincia", pues los catalanes son "vasallos pactados y convencionales... porque como el dominio residía antes de la elección en el pueblo, transfieren el poder en el señor electo, según las condiciones que les parecía a cada pueblo"[72]. Insiste en que "este, señores, es el derecho de mi provincia, y este es el que hoy día, en su nombre, reclamo, porque si bien el Rey es señor de leyes, no lo es de contratos que hace con sus vasallos, pues en este acto es particular persona y el vasallo adquiere igual derecho. Encargado, señores, en este lugar de los derechos de mi provincia, no hablaré otro lenguaje distinto del que hicieron nuestros mayores; y en el acto que estipulo de nuevo igual contrato, reclamo toda la extensión del derecho que compete a mi provincia; en su nombre doy mi voto, y por medio de esta nueva estipulación renuevo mi antiguo pacto, cuyo cumplimiento es por ambas partes obligatorio". Con este aroma antiguorregimental, lejano a las exigencias constitucionales, reivindica la vigencia y "autoridad" de "las leyes que rigen en la provincia que represento". Apuntala que quienes lograron la restauración de la Constitución del 12, "no hallarán injusto el que otro tanto se haga con las leyes antiguas".

Le enmienda la plana el Ministro de Estado, admirado de que el diputado Vila tenga un "envanecimiento muy puro por lo que se ha practicado en su país en otros tiempos". Intenta bajarle los humos al recordarle que "puede tener presente que iguales principios han regido en lo que se llama Castilla. Desde los primeros tiempos de la Monarquía española... era un principio consignado... los Reyes en este país, al tomar posesión de la Corona, han prestado siempre sus juramentos de gobernar por las leyes, fueros y costumbres de la Nación; por consiguiente, las disposiciones de Cataluña no son particulares; es una ley fundamental en toda España". Por si fuera poco, "este pacto está hecho en este mismo salón,

[72] DSCC, 19 de noviembre de 1836, 323.

en el día 24 del mes pasado Su Majestad ha prestado un juramento solemne, y en este juramento ha prometido todavía más". Esto es, "Su Majestad se ha obligado a conservar la religión católica, apostólica y romana, sin permitir otra alguna en el Reino; guardar y hacer guardar la Constitución política y leyes de la Monarquía española, no mirando en cuanto hiciese sino al bien y provecho de ella; no enajenar, ceder ni desmembrar parte alguna del Reino; no exigir jamás cantidad alguna de frutos, dinero ni otra cosa, sino las que hubieren decretado las Cortes; no tomar jamás a nadie su propiedad, y respetar sobre todo la libertad política de la Nación y la personal de cada individuo. ¿Es tan explícito lo que se exige por las disposiciones de Cataluña? No ciertamente, no creo que haya necesidad de otro pacto. Esto está solemnemente sancionado por la Constitución".

A finales de noviembre de 1836, las Cortes discuten un dictamen que propone excluir al rebelde Carlos María Isidro de Borbón y a todos sus descendientes de la sucesión de la Corona de España[73]. En el debate, el diputado Fernández Baeza sostiene que si el insurrecto llegase a reinar, "retrocederíamos al siglo XIII", por lo que, "no es posible que reine jamás en España". Por su parte, el diputado González Alonso recuerda que la "Nación no quiere más tiranos... monstruos que nos traigan el despotismo y la Inquisición y nos conduzcan al silencio de los sepulcros". Desde el poder ejecutivo, el Secretario del Despacho de la Gobernación critica que el "ex infante" busca cambiar la seguridad de los derechos que otorgan las Cortes por los "crueles tormentos" y las "piras horribles de la bárbara Inquisición". El dictamen fue aprobado por la unanimidad de los 123 diputados presentes.

Ya en el comienzo del debate sobre el primer dictamen emitido por la comisión constitucional, el diputado González Alonso enfatiza la necesidad de que la nueva Constitución regule pormenorizadamente la cuestión de la sucesión al trono[74]. Para resaltar esta importancia, recuerda los males sufridos como consecuencia de la sucesión de Carlos II y critica que, a partir de ahí, fue impuesta la "mal llamada ley" sálica, "porque no es ley de

[73] DSCC, 26 de noviembre de 1836, 401-407.
[74] DSCC, 13 de diciembre de 1836, 611 ss.

la monarquía, sino práctica de los pueblos belicosos, que necesitaban caudillos que los guiasen a la guerra, pero de modo alguno formaban naciones constituidas". Llama la atención, además, sobre el hecho de que estas nuevas normas sucesorias impuestas por el rey francés, "contradicen el mismo derecho por el cual habían reinado en nuestro país sus mayores".

Argüelles responde que "debe dejarse intacto" el capítulo de la Constitución de Cádiz que regula la sucesión al trono[75]. La razón es sencilla: "El título sobre que reposa la Corona de Isabel II es el de la Constitución de Cádiz". Abunda en esta cuestión al recordar que "la sucesión a la Corona desde D. Alfonso el Sabio está arreglada en las leyes de Partidas, no obstante que su hijo D. Sancho faltó a ella; el señor preopinante sabe mejor que yo que todas las leyes del mundo están sujetas a la fuerza. Las Cortes de Cádiz por lo mismo restablecieron la ley de Partidas que sabían que no estaba derogada... La comisión ha creído que no debía discutirse esto; está ya fijado y basta".

¿Veto suspensivo o veto absoluto?

En el fragor del debate sobre las bases de la reforma constitucional, llega el turno de discutir el posible veto del monarca a una ley aprobada por las cámaras legislativas. Es sabido que la Constitución del 12 otorgaba un veto suspensivo, mientras que ahora la comisión constitucional propone que el rey tenga veto absoluto, de modo que no se vea obligado a sancionar una ley con la que esté en profundo desacuerdo[76]. Frente a esta posición, el diputado Domenech alza su voz para fundamentar el mantenimiento del gaditano veto meramente suspensivo, y recuerda como ejemplo el de las Cortes de Aragón, que "fueron las más liberales que se han conocido en nuestro país. Es sabido también que los Reyes de Aragón nunca tuvieron el veto absoluto para resistir a la sanción de los proyectos de ley que les presentaban", sino un mero veto suspensivo expresado en la fórmula "no sanciono porque se me ofrece esa o la otra dificultad". Si las Cortes

---

[75] DSCC, 14 de diciembre de 1836, 625 ss.
[76] DSCC, sesión de 19 de diciembre de 1836, 696 ss.

devolvían de nuevo el proyecto al monarca, "no le quedaba más arbitrio que sancionar", bajo la fórmula "el Rey, de voluntad de las Cortes". Frente a esta posición, el Secretario del Despacho de Gracia y Justicia insiste en la conveniencia del veto absoluto y en que los posibles males del veto son comunes, ya sea éste absoluto o suspensivo. En cambio, el veto absoluto permite "mantener la independencia del poder Real, sin el cual no es posible que exista un Estado".

Entre los defensores del veto absoluto figura el doceañista Argüelles, quien admite que "es un hecho, señores, que la Corona de Aragón ha tenido mucha más libertad que la de Castilla; y es un hecho también de la Historia que Aragón perdió la libertad después que Castilla hubo acabado con la suya en Villalar el año de mil quinientos y tantos, habiendo perdido Aragón todos sus fueros principales, quedando poco más o menos como Castilla. Pero y estos, ¿por qué los perdió? Porque carecía, como Castilla, Francia, Inglaterra y como todos los países de Europa, de los dos primeros elementos de la libertad, cuales son publicidad y libertad de imprenta"[77]. Una vez que están afirmados ambos principios, prosigue Argüelles, "me río yo del veto absoluto".

Como consecuencia de la falta de publicidad de las Cortes y de la ausencia de libertad de imprenta, el ilustre asturiano advierte que "desde Felipe II en adelante son mucho más el número de peticiones [de Cortes] que no se han contestado, que las que se han contestado; desde la dominación austriaca ninguna consideración merecieron; ¿y qué recurso quedaba? Ninguno... Hay más: En la dominación austriaca desde la muerte de Felipe II se introdujo la moda fatal de los Ministros favoritos. Ni Carlos V ni sus antecesores lo tuvieron porque gobernaban ellos; pero lo mismo fue empezar Felipe III, que se acabó... y por lo mismo, de nada servía el gobierno representativo".

Interviene en la discusión el diputado Díez, quien intenta explicar el origen del poder real y de la sanción regia. La sanción regia está conectada con la consideración de los monarcas como "primeros defensores de la

---

[77] DSCC, sesión de 20 de diciembre de 1836, 716-717; 720.

religión del Estado… esta sanción no era otra cosa que el carácter de religiosidad que por ella adquirían". De ahí que ahora carezca de sentido tal concepción absoluta de la sanción como para comprender en ella el veto absoluto.

La regencia, ¿una o trina?

En el momento de discutir la propuesta de la comisión que prevé que cuando el Rey no pueda ejercer su autoridad por imposibilidad, o vacase la Corona siendo el Rey menor, las Cortes nombrarán una regencia de una, tres o cinco personas; el diputado Jerónimo Ceballos propone eliminar la alusión numérica, dado que la propuesta no alude a un número fijo y que quizá conviniese, en el caso concreto, que fuese un mayor número impar de personas[78].

Le contesta Argüelles que "la comisión no ha hecho más que reproducir la ley de Partidas, en que se designan estas personas para componer la regencia del Reino; y aunque la Historia de España está conforme en que esta ley jamás se observó, pero precisamente una de las razones poderosas que tuvo presente ya la comisión en Cádiz, y que no ha podido olvidar ahora, es el evitar los inconvenientes que han resultado de no haberse observado lo dispuesto en aquella ley, porque fueron tantos los regentes o gobernadores del Reino que entorpecieron grandemente el gobierno de este. Y sabido es que durante una minoría se convinieron los grandes con los procuradores del Reino en nombrar una regencia compuesta de doce grandes y doce procuradores, y resultó una regencia tan numerosa que no pudo menos de entorpecer en lugar de facilitar los negocios". Asimismo, alude al ejemplo de la Junta central durante la Guerra de la Independencia, que al "ser compuesta de veinticuatro personas, aunque todas ellas muy dignas y celosas del bien público, no había podido desplegar toda la energía de acción necesaria… todo lo que sea pasar de cinco personas embarazará mucho".

---

[78] DSCC, sesión de 25 de abril de 1837, 2987.

¿Reina de España o Reina de los españoles?

Durante el debate del proyecto, sesenta y cuatro diputados proponen que, al modo galo, el título ostentado por Isabel II fuera el de "Reina de los españoles", en lugar del propuesto de "Reina de las Españas"[79]. En su dictamen en respuesta, la comisión aclara que esta enmienda no la "miraría como importante si no pudiera interpretarse en un sentido bien diferente de la plausible intención del respetable número de señores diputados que la han firmado".

¿Cuál sería dicho sentido? La comisión lo aclara: "No encontrando la comisión motivos graves que justifiquen esta innovación y pudiendo resultar algunos inconvenientes de adoptarla, se atreve a proponer a las Cortes que no se haga novedad en el artículo aprobado por unanimidad, en que se reconoce a la Reina Isabel con el título que siempre han llevado nuestros Reyes, con el que se los designa en la Constitución y el que pretende usurpar el traidor D. Carlos".

En la discusión de esta enmienda, el diputado Gorosarri critica la alusión al precedente de haber sido llevado dicho título "siempre por nuestros Reyes" [80]. Alega el parlamentario objetante que "si los precedentes han de ser nuestro regulador, los precedentes más precedentes, esto es, los precedentes más antiguos deberán regular nuestra conducta. Vamos, pues, a buscar precedentes a la zarza de Moisés, al arca de Noé y al jardín del Edén. Por otra parte, ¿han llevado este título siempre nuestros Reyes? Los Reyes godos no lo llevaron".

Con carácter general, apela a que "hagamos, señores, justicia a las cosas y hagámonos justicia a nosotros mismos. La fuerza del hábito nos arrastra. Sostenemos las cosas porque las sostuvimos; sostenemos las cosas porque las sostuvieron. A la manera de los chinos, el *fue* es nuestra gran

---

[79] DSCC, sesión de 8 de mayo de 1837, apéndice segundo, 3273. De ese número de diputados, en la votación final solo la votaron aproximadamente un tercio de los mismos.
[80] DSCC, sesión de 16 de mayo de 1837, 3395 ss.

autoridad, autoridad fácil de lograr, pues bien pronto el *es* se convierte en *fue*".

Olózaga le responde en nombre de la comisión que el título de Rey de España "es el título con que han sido reconocidos todos los Reyes que en ella ha habido, exceptuando algún caso particular". Además, reitera que conviene no dar "lugar a interpretaciones que puedan hacerse a favor de quien ningún derecho tiene al Trono y que no podía alegarlos aun antes de haber perdido el carácter de Infante, hablo del rebelde D. Carlos... ¿Por qué hemos de desheredar nosotros a la Reina de España, sucesora de tantos Reyes, de ese título importante que quiere usurpar el traidor D. Carlos?". Este diputado apela a que "conservemos nosotros unido a nuestra causa, además de la nacionalidad, el carácter solemne que le han dado todas las Cortes de legitimidad, la cual produce mucha fuerza moral, mucho prestigio, cuando se reúne con la bandera de la libertad".

En la discusión interviene el mismo Presidente del Consejo de Ministros, quien recuerda que en español "la palabra *Rey* jamás ha significado *señor*. Desde el origen de la Monarquía, según el sentido que se ha dado a esta palabra, *Rey* es el que rige y gobierna con rectitud, y jamás se ha creído que pudiera significar *señor*. Más exacto es que en castellano se considera siempre una misma cosa España y españoles... Tan fácilmente decimos *los españoles se levantaron contra Napoleón,* como *España se levantó contra Napoleón*; tan fácilmente decimos *los intereses de España* como *los intereses de los españoles*, y cuando decimos *los intereses de España* entendemos lo mismo que si se dijera *los intereses de los españoles*. España es un nombre colectivo que equivale a la reunión de los españoles". De modo que, en propiedad, "decir *Reina de España* es lo mismo, mismísimo que si se dijera *Reina de los españoles*".

El Presidente del Consejo de Ministros abunda en el argumento histórico y en su utilidad jurídica, pues "desde el origen de esta Monarquía, desde que la Nación formó un cuerpo, los Reyes se han llamado no *Reyes de los españoles*, sino *Reyes de España*. Se dice que esta es una antigualla y que no debemos respetarla. La Reina actual de las Españas ¿no está en posesión de ese título? Sí señor. ¿Y hay razón ninguna para despojarla de él y dar lugar a que se crea que las Cortes actuales tratan de menguar la autoridad real? Este título se lo han dado las leyes, se lo ha dado la Constitución del año 12, se lo han dado las Cortes anteriores y las actuales; y ese título antes que existieran las Cortes se lo ha dado también la Nación, proclamándola no *Reina de los Españoles*, sino *Reina de España*. Bajo ese título, señores, la reconocen las potencias europeas que están en relación con nosotros; bajo ese título están celebrados los tratados con otras potencias; bajo ese título se está haciendo la guerra al rebelde D. Carlos, y ruego a las Cortes que mediten mucho los graves inconvenientes que podrían resultar a la causa pública de que en estos momentos se hiciese esa innovación".

Y es que la historia también tiene otro efecto, el consuetudinario; por lo que el responsable gubernamental ruega a los diputados "que mediten el efecto que ha de producir en nuestro mismo pueblo que atenderá más a sus antiguos usos que a la moderna exactitud de los franceses. Además, no habrá fuerza que contra su costumbre les obligue a llamar *Reina de los españoles* a la que siempre llamaron *Reina de España*".

¿Quién nombra la regencia?

La propuesta de reforma de la Constitución que dará lugar al texto de 1845 pretende modificar el artículo que dispone que la Cortes nombren la regencia del Reino en la menor edad del sucesor al Trono o en la vacante de la Corona[81]. El Gobierno proponente entiende que "esta disposición no es muy conforme a la índole de la Monarquía hereditaria... puede exponer al Estado, y muchas veces sin necesidad, a la lucha de partidos, que tan viva y encarnizada suele ser cuando se trata de conferir, aunque sea temporalmente, el ejercicio de la suprema potestad". Por si fuera poco, "debe evitarse, cuanto sea dable, que los pueblos vean sentadas bajo el solio y con cierto aparato regio a personas que no han nacido de la estirpe de sus Príncipes, a los cuales el trascurso de los siglos y la habitual veneración de las gentes da autoridad y prestigio".

[81] DSC, 18 de octubre de 1844, apéndice segundo, 56.

La propuesta de reforma prevé que la regencia recaiga *ipso iure* en el padre o madre del Rey niño y, en su defecto, en el "pariente más próximo a suceder en la Corona, con tal que reúna la edad y circunstancias que parecen indispensables" (este último inciso del "pariente más próximo", que permite la posible regencia de un colateral, dará lugar a un vivo debate con posterioridad). De este modo, entra en juego "un medio análogo al que se observa en la sucesión al Trono" que permite "un tránsito natural, previsto de antemano, y el más propio para cautivar sin esfuerzo la obediencia y respeto de la Nación". Todo ello conforme a "las antiguas leyes y costumbres de la Monarquía".

¿Deben intervenir las Cortes en los enlaces regios?

Las Cortes de la legislatura 1844-1845, que alumbran el texto constitucional de ese último año, asisten a un intenso debate sobre el posible papel de las Cortes en torno a las propuestas de matrimonio atinentes a reyes y aspirantes al trono. En la atmósfera pesa la posibilidad (auspiciada por algunos sectores más cercanos al carlismo) de un matrimonio entre la Reina Isabel II y un hijo del Infante Carlos que pudiera poner punto y final a la controversia dinástica generada con la guerra carlista. El Ministro de Estado, Martínez de la Rosa, sienta como "principio cierto, evidente, que, cuando se trata de los matrimonio de los Príncipes, las Naciones tienen derecho a ejercer cierto influjo en esta materia gravísima"[82]. Tanto es así, prosigue, que "aun en los gobiernos absolutos, en los gobiernos más robustos y poderosos, aun en aquellos en que solo pueden suceder en el Trono los varones, se ha visto muchas veces que un matrimonio, un enlace de sus Príncipes ha tenido mucho influjo en la suerte de aquella Nación".

Aprovecha la ocasión Martínez de la Rosa para ponderar las ventajas de las normas españolas de sucesión al trono que permiten "la sucesión a la Corona de las hembras". Recuerda que "en España, particularmente, sin ingratitud no podría desconocerse esta ventaja, cuando la Nación se ha formado por esta clase de enlaces. Así es como se formó la Monarquía en

[82] DSC, 28 de noviembre de 1844, 694 ss.

tiempo de los Reyes Católicos y como se redondeó por los Pirineos y por ambos mares". Incluso aventura el ministro que "fue una calamidad para el país el enlace de la Princesa Doña Juana con un Príncipe de la casa de Borgoña, no por el demérito de aquel ilustre personaje, sino por las consecuencias que trajo aquel enlace, desnaturalizando la política de España, haciéndola más extensiva de lo que debía ser y enredándola en guerras extranjeras, políticas y religiosas, que duraron dos siglos... Basta este ejemplo para probar la necesidad de que la Nación tome todas las medidas prudentes y oportunas para que al tratarse del enlace de su Reina (no hablo del caso presente, sino en general) se adopten las precauciones convenientes".

El responsable ministerial entiende que también "es conforme al espíritu de nuestras antiguas instituciones. Es cierto que no se encuentra en las leyes de Castilla ninguna que así lo determine, pero atendiendo a su índole y a que los dos polos en que descansaban las libertades castellanas eran, el uno, la necesidad que tenían los Reyes de consultar a las Cortes en los asuntos más arduos y que ofrecían dificultades; el otro, la necesidad de acudir a las Cortes en todo lo que tiene relación con los pechos y tributos que habían de pagar los pueblos; y puesto que en las capitulaciones matrimoniales siempre hay algo que afecta al pago de ciertas contribuciones, se puede decir que estaba en el espíritu de nuestras antiguas instituciones, ya sea considerada la materia bajo el aspecto de asunto grave, importante, de suma trascendencia, en que es necesaria la intervención de las Cortes, ya se mire bajo el aspecto económico de haber de imponer contribuciones o cargas a los pueblos. Así es que, consultando la historia de nuestras antiguas Cortes, se las ve intervenir en los matrimonios de los Príncipes, y no es una cosa inusitada en España tener en ellos una influencia más o menos directa, según los tiempos y circunstancias".

Por tales razones, la propuesta de reforma gubernamental postula que el monarca, "antes de contraer matrimonio, lo pondrá en conocimiento de las Cortes, a cuya aprobación se someterán las estipulaciones y contratos matrimoniales que deban ser objeto de una ley". Asimismo, recuerda Martínez de la Rosa que persiste una ley vigente que excluye al Infante

Carlos María Isidro de Borbón "y toda su línea del derecho a suceder en la Corona de España", así como que "quedan privados de la facultad de volver a los dominios de España". En consecuencia, "si están privados de esto, ¿sería posible que pudiesen entrar en el palacio de nuestros Reyes y nada menos que para ser esposo de la Reina?". No obstante, para evitar cualquier género de dudas, el Gobierno convino en incluir en la reforma constitucional la prohibición de que ni el monarca ni su inmediato sucesor puedan contraer matrimonio "con persona que por la ley está excluida de la sucesión a la Corona".

En el entorno de esta discusión, el diputado Egaña eleva la mirada y sostiene que todas estas prevenciones contra la Corona nacen de la introducción del principio de la desconfianza institucional en el seno de las Constituciones[83]. En su exposición distingue varias escuelas que han tenido reflejo en los distintos discursos pronunciados por los diputados preopinantes, desde la escuela histórica, pasando por la escuela francesa, hasta la escuela inglesa. Sin embargo, plantea que el debate ha olvidado el influjo de la "escuela jacobínica, de la escuela niveladora, de la escuela cuyo instinto es destruir toda la antigua organización de los Estados, sin cuidarse de si lo que destruye es bueno o malo, conveniente o perjudicial al país".

Para Egaña, esta escuela hunde sus raíces en el protestantismo alemán del XVI, que levantó "un estandarte de guerra contra el principio de autoridad", fue extendida "con una actividad prodigiosa, no solo en el orden eclesiástico, sino en el orden político, [por] algunos de los más grandes escritores franceses del siglo pasado" y "trajo los Estados generales del año 89 y la Convención nacional". La "escuela jacobínica" tenía un claro objetivo doble: "Destruir el sentimiento religioso y acabar con el sentimiento monárquico, estos dos grandes polos de la civilización moderna... su objeto era echar abajo el poder de la Iglesia y el poder del Trono, es decir, la sanción de la conciencia y la sanción social". Sin embargo, tras revoluciones y guerras, "la Iglesia vive y la institución del Trono está hoy en Europa harto más firmemente asentada que lo estuvo hace un siglo. No es extraño,

[83] DSC, 30 de noviembre de 1844, 739 ss.

señores, la revolución había prometido libertad y no dio sino la más espantosa tiranía".

Sin embargo, advierte, "la revolución no se cansa... empezó a sembrar principios anárquicos, estableció y predicó prevenciones injustas contra ciertas y determinadas instituciones". El resultado es que "entonces, señores, se escribió en las Constituciones la palabra *desconfianza*; entonces se presentó a los Reyes, entonces se miró y trató a los Gobiernos, no como si fueran los tutores, no como si fueran los padres, los directores de la sociedad, sino como si fuesen los enemigos natos, naturales y necesarios de ella... el *principio de la desconfianza llevada al exceso*", muy distinto del principio de previsión propio de los hombres de Estado.

¿Regencia sustitutoria de los colaterales o decidida por las Cortes?

El diputado Seijas cuestiona la regulación de las regencias que pretende la reforma gubernamental dictaminada por la comisión, en particular la posibilidad de que recaiga en las líneas colaterales de sucesión[84]. Una de las razones es histórica y tocante a la insurrección carlista. Su planteamiento inicial es claro: "Si consultamos la Historia, señores, veremos que ésta, lejos de favorecer la institución que el Gobierno nos presenta, la condena con hechos tan palpitantes, tan graves y trascendentales que no pueden perderse de vista".

Recuerda Seijas que nuestra Historia "habla y nos presenta allí a un tío cometiendo horrorosos crímenes sobre sus sobrinos, haciéndoles desaparecer de la tierra para usurpar el cetro que le legaron sus padres, ahora encerrando al Rey menor, mutilándole o privándole por otros medios de ocupar el Trono de sus mayores; aquí usurpando sus derechos y obligándole a vínculos y enlaces para que la Corona se derivase en otras dinastías. En una palabra, señores, la historia de las pretensiones de las líneas colaterales para regir el Reino es la historia de los crímenes". En resumen, "el principio de la regencia legítima en las líneas colaterales no se puede admitir como general, como inflexible, como regla indeclinable; ese principio es

---

[84] DSC, 2 de diciembre de 1844, 761 ss.

notoriamente absurdo, y siento calificarlo así". Confiesa el diputado que ha consultado "nuestras leyes y veo que todas lo han repugnado siempre, absolutamente siempre". La razón es sencilla: "En la regencia de los padres no hay los riesgos que en la de otras personas que tengan derecho a la Corona… por las mismas leyes de la naturaleza se ve rara vez, si es que se ve alguna, que el padre olvide los derechos del hijo".

Y nuestro parlamentario llega al núcleo de la cuestión, pues "tenemos hoy un ejemplo vivo". Advierte que las pretensiones del infante Carlos "no se han apoyado únicamente en la ley sálica, no se han sostenido solo en el auto acordado de Felipe V, sino… en ejemplos históricos. Ejemplos históricos que precisamente eran los de sucesos por los cuales habiendo venido a suceder hembras en el Trono de España, sus derechos habían sido disputados por príncipes varones y, después de luchas más o menos pronunciadas, más o menos encarnizadas, se habían terminado, como no podía menos de suceder, como sucesos de familia, por enlaces, por convenciones, a las que el país asentía por librarse de aquellas calamidades; hechos y abusos, señores, que se han querido después erigir en derechos".

Concluye Seijas que aceptar la reforma propuesta implica "perpetuar aquí también las pretensiones, las discordias y la lucha entre las dos leyes de sucesión, la de Partidas reconocida en la Constitución y la Pragmática del Sr. D. Felipe V". Y esto es contradictorio con nuestra Historia, pues debe prevalecer la norma de Partidas, dado que "ha constituido precisamente todo el derecho relativo a la regencia en España… [Y es que, en Partidas] no se dio una disposición nueva, no fue una institución creada por el Rey sabio, no; el mismo Rey sabio en el preámbulo de la ley dice que esa había sido la costumbre laudable de España, que esa había sido la jurisprudencia eterna y constante del país". De ahí que Seijas, frente a "esa institución exótica que quiere introducirse en España", reitere la necesidad de volver a Partidas, de que no sea llamado a la regencia el inmediato sucesor (que puede pertenecer a una línea colateral), sino que, a falta de la madre o el padre del Rey menor, la regencia sea decidida por las Cortes directamente.

Le responde Pidal, Ministro de la Gobernación, oponiendo los hechos históricos a la legislación histórica, pues sostiene que "en toda nuestra Historia se ve ejercer a los colaterales la regencia, porque solo ellos ejercían de hecho el poder. La legislación les repugnaba, la teoría les huía; pero la práctica, más imperiosa que todo, los traía y esta práctica vendrá siempre". En consecuencia, "¿no será mejor regularizar este llamamiento que dejar que, a pesar de alejarlos por la ley, por la práctica vengan? ¿No será mejor que legalmente ejerzan el poder, que el que vengan a reclamarlo armado cada uno, como sucedió en la menor edad de Alfonso XI?... Yo quiero que vengan por llamamiento de la ley, porque vendrá uno solo, y no podrá venir el díscolo y el faccioso".

Toma el testigo el diputado Inguanzo, quien subraya que la Historia evidencia que "desde el reinado de D. Ramiro III hasta Carlos II se ejercieron casi todas las regencias por las madres; y nada, señores, más propio de su dignidad que desempeñar con nobleza y acierto tan augusto cargo. La regencia, señores, es una institución donde se transfieren temporalmente todas las facultades del monarca y de esta uniformidad de poder debe, señores, nacer el título hábil para que se suceda en ella en igual forma que a la Corona; de otro modo, señores, se exponen los pueblos a continuas convulsiones, los partidos se agitan y el país experimenta todo aquel género de desgracias que lleva en sí un estado de turbulencia".

Interviene en el debate el diputado Ríos Rosas, quien acusa al Gobierno de olvidar "el criterio histórico ni tradicional" en esta materia. Frente a ello, "lo que yo observo en la historia antigua es la constante tendencia de las Cortes a excluir de la Regencia a los colaterales… no hay ejemplo de que las Cortes hayan sostenido la Regencia de los colaterales". A este respecto, "la ley de Partida es la prueba escrita, formularia, monumental de nuestro derecho consuetudinario en aquellos tiempos". Es más, la ley de Partidas advierte que es preciso tener en cuenta que los tutores o regentes "sean tales que no codicien de heredar" lo que es propio del Rey tutelado, "cuidando que tienen derecho a ello después de su muerte"; es decir, que "excluye en términos expresos y prohibitivos a los inmediatos sucesores de la regencia". De ahí que, en este caso que nos ocupa, establecer "una institución que carece entre nosotros de antecedentes… es lo mismo que escribir en el agua o fabricar en arena". Resalta el interviniente que, según la propuesta del Gobierno, el infante Carlos hubiera sido regente en España y "yo no puedo votar una ley que hubiera conferido la regencia" a ese hombre.

El Ministro de Estado, Martínez de la Rosa, intenta cerrar la discusión con el argumento de que no existe ejemplo en "nuestra Historia de un colateral que haya usurpado la Corona… Ha habido luchas, es cierto; nuestros anales ofrecen repetidos ejemplos de disensiones y trastornos; pero aun en medio de eso, ha bastado el prestigio de la autoridad Real, el sentimiento de que el Monarca era un niño que no tenía más defensa que Dios y su inocencia para que todos los buenos rodeasen el Trono y la cuna y salvasen la Corona del Rey menor".

EL PODER JUDICIAL

La configuración constitucional de la administración de justicia guarda escasas similitudes con la propia del Antiguo Régimen, la sustitución del principio de acumulación de funciones por el de la división de los poderes o la implantación de la justicia letrada en la primera instancia son solo algunos de los hitos que marcan una solución de continuidad radical, de ahí que la presencia de argumentos histórico-jurídicos a la hora de debatir sobre las propuestas constitucionales sea también escasa.

No obstante, existen alusiones parciales que quizá convenga contemplar. Por ejemplo, a algunos diputados les llama la atención que el proyecto del 37 dedique un apartado específico para hablar del "poder judicial", pero que, en cambio, no lo dedique específicamente a regular el "poder legislativo" o el "poder ejecutivo"[85]. Estos diputados hubieran preferido la expresión "administración de justicia" en lugar de la de "poder judicial" (curiosamente, más tarde, otros hablarán de la necesidad de extender el concepto de "poder" y también hablar de la existencia de un "poder municipal"). Para los miembros de la comisión, la nomenclatura obedece a la asentada división tripartita del poder.

Asimismo, a la hora de hablar de la inamovilidad judicial, el diputado Heros plantea que conjugar independencia e inamovilidad puede acercar al poder judicial a un poder absoluto y pregunta: "¿Ha habido

[85] DSCC, 26 de abril de 1837, 3015 ss.

práctica en España en algún tiempo contra esta inamovilidad de los jueves o que los jueces, siendo inamovibles, sean juzgados? Sí señor, el Justicia de Aragón. Este magistrado insigne, con la mayor extensión de facultades, se apelaba a él del Rey y, sin embargo, era juzgado por las Cortes".

Heros clama contra la idea de que los jueces sean juzgados por el Tribunal Supremo. Para adobar su oposición, recuerda la historia de aquel mariscal francés "que en el teatro dio un bofetón a un abate. Diciéndole este que al día siguiente se quejaría al tribunal de los mariscales, le contestó: *Vaya usted que yo también iré a juzgarme a mi mismo*". El parlamentario recuerda "la que ha sido constante en España hasta el advenimiento a la Corona de la dinastía de los Borbones. Hasta entonces se miraba como el mayor atentado la separación o remoción de un magistrado y, si alguno era removido, no lo era por defectos correspondientes a su destino, sino por medidas políticas. El Consejo de Castilla y el Consejo de Aragón se ponían en disidencia con la corte y, en vez de limitarse a aconsejar, querían mandar".

El diputado también acude al argumento de autoridad de "un político del siglo XVII, el gran Saavedra, que dice: lo que elevó a la Nación española al alto grado en que se ha hallado ha sido la rectitud con que en ella se ha administrado siempre la justicia. Esta fue tal que, habiendo seguido Felipe V un litigio sobre un negocio concerniente a su patrimonio, no tuvieron inconveniente los jueces de votar en contra de él a su presencia".

En el turno de réplica, Olózaga niega el peligro de que el poder judicial devenga en absoluto, pues está sometido a la ley. Además, "si todo el que ha de juzgar es juez, es claro que los jueces serán juzgados por jueces, sean estos los que quieran. Pero también es seguro que este argumento tiene más fuerza que la que le da el sonido". Asimismo, niega que acudir al ejemplo del Justicia de Aragón sea adecuado, dada "la confusión de poderes que en aquellos siglos menos adelantados era indispensable que existiese. Porque, señores, aunque en medio de esas imperfecciones encontremos algunas cosas buenas, estas deben servir para formar los hombres, no para formar las leyes, ni para sujetar lo presente a lo pasado".

¿Jurado? No, por favor

La propuesta gubernamental de reforma de la Constitución de 1837, que devendría en el texto de 1845, suprime el jurado para los delitos de imprenta y realiza una remisión legal (es decir, desregulación constitucional) a la hora de regular la figura del jurado (artículo adicional primero)[86]. La razón aducida residiría en que sería una cuestión menor, de regulación meramente legal, no necesariamente constitucional.

El informe de la comisión parlamentaria al respecto propone "considerar al jurado a un tiempo mismo como institución judicial, como garantía política y como institución histórica. Lo primero, porque su oficio es conocer de ciertos delitos puestos debajo de su jurisdicción por las leyes. Lo segundo, porque el fin principal para el que ha sido instituido en las sociedades modernas es servir de resguardo a la libertad individual contra las invasiones de la potestad pública. Y lo tercero, porque siendo de origen antiquísimo, y habiendo padecido, como todas las instituciones seculares, grandes mudanzas y vicisitudes, sería cosa convenientísima estudiar estas vicisitudes y mudanzas en toda la prolongación de los tiempos históricos".

Pero nuestro gozo en un pozo, porque "a poco de haberse engolfado en esta discusión, que se extiende hasta donde se dilatan los términos de la filosofía y los horizontes de la Historia, conoció la comisión que iba extraviada y perdida por esos espacios inmensos... no es cosa propia de las asambleas políticas levantar el vuelo de la discusión hasta aquellas regiones nebulosas".

¿Cómo salir del enredo? Sencillo, dado que no estamos ante "la supresión del jurado, sino solamente de no hacer un punto constitucional de su existencia, eran ociosas esas grandes cuestiones", pues el objeto es meramente "despojarla de la sanción constitucional y dejarla debajo del amparo de las leyes comunes". Sin embargo, la comisión aprovecha la oportunidad de subrayar "como un hecho evidentísimo que arguye contra ese tribunal en nuestra España sus inauditas absoluciones, a las cuales el olvido solo puede libertar de la condenación de la historia".

---

[86] DSC, 18 de octubre de 1844, apéndice segundo, 56-58.

En el debate plenario sobre la cuestión, algunos diputados sostienen que no es posible libertad de imprenta sin jurado que la proteja. Sin embargo, el Ministro de la Gobernación, Pidal, niega la mayor[87]. Alega que en España en dos ocasiones ha existido libertad de imprenta sin jurado. Es más, sostiene que "la institución del jurado donde se aplica a la imprenta es porque allí se aplica también a todos los demás delitos; pero en un país donde la enseñanza política es más bien donde las circunstancias son otras, ¿es posible, es conveniente aplicarlo a los juicios de imprenta? No, señores, aquí donde vemos que es imposible aplicar la institución del jurado a los delitos comunes, ¿qué razón hay para que sea necesario, imprescindible, aplicarlo a los de imprenta? No lo concibo". El diputado Pacheco le responde que hay una "diferencia entre los delitos comunes y los de libertad de imprenta: que los primeros se pueden juzgar bien por los tribunales y los de imprenta no pueden ser juzgados convenientemente por estos".

¿Unidad de Códigos y... unidad de fuero?

La propuesta gubernamental de reforma que se traducirá en la Constitución del 45 propuso incluir el respeto al fuero militar y eclesiástico como excepción al principio de unidad de fuero. Sin embargo, la comisión parlamentaria desechó tal introducción y además eliminó el principio de unidad de fuero del texto aprobado en el 37, para dejar el artículo en un sencillo "unos mismos Códigos regirán en toda la Monarquía"[88]. En palabras de uno de los miembros de la comisión, Díaz Cid, "este es un principio útil, importante, y el Congreso reconocerá que es uno de los adelantos mayores que se han hecho en las legislaciones modernas, estableciendo que rijan unos mismos Códigos en todas las provincias que dependan de un grande Estado. Por lo mismo que tienen la misma religión, por lo mismo que tienen o deben tener los mismos pesos, medidas y monedas, deben tener unos mismos Códigos, para que el vecino de Cádiz, por ejemplo, cuando pase a Barcelona no tenga que estudiar una nueva legislación para arreglar sus contratos y

---

[87] DSC, 14 de noviembre de 1844, 445-446.
[88] DSC, 15 de noviembre de 1844, 462 ss.

operaciones y para que sepa que con las mismas penas se castigan los delitos en Cataluña que en Andalucía. Esta unidad de legislación es la que ha dado más importancia a la vecina Francia. El principio se conserva y cuando los Códigos se publiquen desaparecerán los fueros provinciales, y entonces no tendrá ya el letrado que estudiar tantas legislaciones como provincias donde vaya a establecerse".

Sin embargo, prosigue Cid, "la parte relativa a fueros se ha dejado siempre a los Códigos de procedimiento y no se ha puesto en las Constituciones del país como ley fundamental. Es necesario dejar, si me es permitido explicarme así, esta parte de fueros más elásticos que lo que se propone en la Constitución de 1837". Los miembros de la comisión constitucional –según este miembro- admiten que creyeron que "no debíamos prejuzgar la cuestión de fueros, que debíamos dejarla para los Códigos, para cuando estos se aprueben y publiquen, con el objeto de que los legisladores puedan establecer en ellos lo que más convenga a los intereses del país y a las circunstancias en que se den". Y es que, ante todo, "habrá siempre necesidad de ciertos fueros... la moral, por un lado, por otro la consideración a las jerarquías que son indispensables en toda buena sociedad y, por otro, cierto principio de política que no puede olvidarse por los Gobiernos hace necesario que ahora, que por muchos años y tal vez para siempre los fueros existan".

El parlamentario incluye ejemplos de posibles fueros particulares, más allá del eclesiástico y del militar, como el que el mismo proyecto de reforma gubernamental establece para los senadores. Acompaña algún ejemplo gráfico, así "los magistrados de los Tribunales Supremos y aun los de las Audiencias, ¿han de estar sometidos al juez de primera instancia a quien miran como su inferior y a quien todos los días están juzgando y residenciando en sus operaciones? Ni este juez tendrá entonces la independencia necesaria para juzgar, ni los otros conservarían el prestigio que deben tener en sus respectivas carreras".

El diputado Pacheco reacciona ante estas ideas, o limita su alcance. Subraya la necesaria defensa de que, ya sea por la Constitución, ya sea por el Código, esté dispuesto que "para los delitos comunes y negocios comunes no haya más que un solo fuero para toda clase de personas". Pacheco aclara que "esto no ataca al fuero militar o eclesiástico, en cuanto son fueros especiales para negocios especiales. Claro es que los casos en que los eclesiásticos, por negocios puramente eclesiásticos, hayan de ser justiciables, lo serán por un tribunal eclesiástico; claro es que sucederá lo mismo con los militares en asuntos militares. Pero que los militares y eclesiásticos en los negocios comunes y delitos comunes, en los que cometan, no como militares y eclesiásticos, sino como ciudadanos, hayan de ser justiciables por tribunales eclesiásticos o militares es una doctrina proscrita ya de toda buena legislación, una herejía legislativa; doctrina, señores, que rechazo, y contra la cual protesto del modo más solemne".

En esto tercia un diputado por Navarra, el Barón de Biguezal, quien advierte que "en el convenio de Vergara, que hasta ahora rige en mi país, se dice que seguirá el Código de Navarra mientras no se presenten o planteen los nuevos para toda la Monarquía. Sin duda se estipuló esto por no haber querido llevar allí las confusas leyes que aquí rigen, ya que aquel país tenía la fortuna de tenerlas más claras. Quiero, pues, que conste aquí que no se trata con este artículo que ahora se pone de alterar lo que en el convenio de Vergara se estipuló". Díaz Cid, en nombre de la comisión, le asegura que, mientras no se formen los nuevos Códigos para toda la Monarquía, "es claro que seguirá rigiendo la legislación de Navarra y todas las demás legislaciones privadas de las diferentes provincias de España".

Es la oportunidad para que intervenga el Ministro de Gracia y Justicia, Mayans, quien refuta la tesis de Pacheco a partir de un principio comúnmente admitido por ambos, y es que "establecida la igualdad de los españoles por la ley fundamental del Estado, es indudable que los fueros privilegiados, según el Sr. Pacheco, no pueden existir, ni deben existir; pero por eso no se entiende que no ha de haber más que un solo fuero. Esto no es posible, ni lo será nunca, ni en España, ni en Francia, ni en ningún país del mundo". El responsable ministerial recuerda que las mismas Cortes de Cádiz establecieron excepciones al principio de igualdad de Códigos al añadir a la regulación constitucional el literal "sin perjuicio de las variaciones que por cualquiera circunstancia puedan hacer las Cortes". Así, "aquellos legisladores, tan celosos de las garantías individuales y de la unidad legislativa, no pudieron menos de hacer esta salvedad".

Mayans deberá intervenir nuevamente en el debate mantenido en el Senado, cuando García Goyena propone eliminar el artículo referido a la unidad de Códigos del texto constitucional y diferir su regulación a leyes ordinarias, con el objeto de respetar los particularismos jurídicos de Cataluña y Baleares. El senador advierte que "se trata de una tercera parte de España, tal vez la más enérgica y poderosa... y cuyos fueros están incrustados en los intereses de cuanto allí respira... Me atrevo a pronosticar graves males y peligros"[89].

Frente a esta postura del senador, el responsable gubernamental reivindica la importancia de la unidad de Códigos, dado que "es el único medio de evitar que quizá algún día llegará a ser la Nación española lo que en otros siglos, en que cada provincia y hasta cada municipalidad tenía un Código particular; y de aquí, entre otras causas, esa oposición que existe, esas rivalidades locales de nuestro país, esa diversidad de intereses, de costumbres, de opiniones que tan gran estorbo son para muchísimas mejoras en la administración y organización de todos los ramos del servicio público".

A su vez, el senador Ondovilla reitera la importancia del principio de unidad de Códigos ("la igualdad ante la ley es necesaria en el sentido que debe entenderse. Una Constitución, una religión, unos pesos, medidas y monedas, unos Códigos en toda la Nación, forman un sistema completo de unidad, que es al que se debe aspirar para que el Gobierno pueda dirigir bien la máquina del Estado y los individuos que lo componen sepan a qué atenerse en el estudio de las leyes que rige a la Nación") y evidencia la oportunidad que el proceso de elaboración de los Códigos supone para la regulaciones forales, pues podrán defender y demostrar la bondad de sus normas y lograr que sean aplicables no solo a sus tierras, sino a todo el territorio nacional, que se conviertan en normas dentro de los nuevos Códigos aplicables a todos los españoles[90].

---

[89] DSS, 21 de diciembre de 1844, 156.
[90] DSS, 23 de diciembre de 1844, 165-166.

A MODO DE CONCLUSIONES

"España es uno de los países del mundo que ha hecho más Constituciones
-ha hecho un montón- y aún está por constituir.
Es uno de los países que ha gastado más espíritu en estas cuestiones de filosofía política
y no hay forma de plantear una cuestión constitucional con cierta claridad.
Es uno de los países del planeta que quiere hilar más fino
y cuando lo intenta salen las cosas más extravagantes.
Quiero decir que nos hemos lucido".
Josep Pla, escritor y periodista[91].

Modestamente estimo que el objeto del conocimiento histórico-jurídico dificulta ofrecer conclusiones definitivas. El historiador del derecho trabaja sobre la vida humana, llena de aristas y rincones, recóndita y oculta hasta para sus propios protagonistas, sujeta a factores causales o aleatorios que ningún observador puede captar de modo omnisciente. De la vida humana nos llegan testimonios que reflejan solo una parte de la realidad, meros fragmentos de la verdad. Nunca disponemos de todos los documentos,

---

[91] "Todo cambia en este mundo…", *La Veu de Catalunya,* 3 de noviembre de 1931 (artículo periodístico recogido en *La Segunda República española. Una crónica, 1931-1936,* Barcelona, 2006, 217).

algunos han sido destruidos, eliminados, borrados, alterados, manipulados, o ni siquiera llegaron a existir como tales (las órdenes verbales no dejaban rastro). De ahí que un servidor sea remiso a aportar conclusiones, sabedor de que siempre son provisionales, de que son ciertas hasta que otro investigador en el futuro encuentre el documento perdido o el testimonio fiel que las rebata o matice. Con estas precauciones adelantamos algunas modestas conclusiones (provisionales) sobre el objeto de este trabajo.

En primer lugar, es evidente que la Historia de nuestro Derecho figura entre el arsenal de argumentos utilizados en los debates constituyentes. No hay solución de continuidad, no hay corte abrupto entre Antiguo y Nuevo Régimen. Basta acercarse a la exposición de motivos de la Constitución de Cádiz. Pero ello no es solo mera propaganda, sino que también tiene efectos en la discusión pública. Entre la multitud de fundamentos esgrimidos por los parlamentarios constituyentes, los argumentos histórico-jurídicos ocuparon un lugar y suscitaron discusiones entre unos y otros protagonistas. Por su número y presencia, las histórico-jurídicas no fueron las razones más alegadas, tampoco las más importantes ni decisivas, pero sí estuvieron presentes en muchas de las cuestiones debatidas.

En segundo lugar, ayer como hoy, el uso de los argumentos histórico-jurídicos está sujeto a la instrumentalización por parte de quien los emplea. En muchas ocasiones (no en todas, hay excepciones), el orador aporta supuestos hechos que carecen de cualquier respaldo documental. Otras veces solo plantea su teoría o su razonamiento, sin acudir a ningún tipo de fuentes o sin respaldar sus afirmaciones en argumentos de autoridad o documentales. Parece casi un esto fue así porque yo digo o interpreto que fue así, y eso es suficiente. O bien ocultan hechos, o bien los crean, o bien los interpretan del modo más favorable a quien los utiliza para fundar su posición. E incluso, como magistralmente señala el profesor Escudero, abundan ejemplos "de cómo la misma tradición y las mismas verdades históricas pueden ser manipuladas por distintas interpretaciones políticas"[92]. O bien sostienen un principio para mañana defender el contrario[93]. O bien (como manifestara en el año 44 el Ministro de la Gobernación, Pidal), algún que otro diputado comete "una insigne falsificación histórica, pues en vez de aplicar su doctrina a la historia, hizo una historia que fuese aplicable a su doctrina, una especie de lecho de Procusto donde se ajustase aquella historia, cortando lo que fuere contrario a su propósito y añadiendo lo que a este hacía falta"[94].

En tercer lugar, la tesis mayoritaria sostenida entre los diputados del 37 suele sostener que la libertad de la Nación encontró su punto álgido en las libertades municipales medievales (algunos fundan estas libertades municipales en la misma incorporación a Roma)[95]. Estas libertades (expresadas institucionalmente en los municipios y en las Cortes) fueron sojuzgadas como consecuencia de la derrota en la Guerra de las Comunidades. A partir de ese momento, Austrias y Borbones ejercerían un gobierno despótico y absoluto. Tal decadencia culmina con la cesión de los derechos a Napoleón por parte de Carlos IV y Fernando VII. Esta transferencia es antijurídica y nula de pleno derecho, pues, como reza el

---

[92] "Martínez Marina y la teoría de las Cortes", *Anuario Mexicano de Historia del Derecho,* 22 (2010), 201- 208 (cita en 208).

[93] El diputado Orense, marqués de Albaida, clama que "en España hemos necesitado y necesitamos gente que sea liberal cuando obedezca y liberal cuando mande. Esto nos ha faltado y nos está faltando. Nada destruye más a los hombres públicos que usar un día de un lenguaje y al otro día del contrario; decir hoy que una cosa es buena y mañana anatematizarla" (DSC, 13 de noviembre de 1844, 439).

[94] DSC, 18 de noviembre de 1844, 519.

[95] La hemos planteado en los términos más cercanos a las propias palabras de los parlamentarios. Por otra parte, es tesis de sobra conocida y conforme a la propugnada por Francisco Martínez Marina, ejemplarmente explicada por el profesor Escudero en el trabajo reseñado en nota anterior. Esta tesis no es únicamente hispana, sino que también conoce ejemplos similares en otros territorios europeos (P. H. WILSON, *La Guerra de los Treinta Años. Una tragedia europea (I) 1618-1630,* Madrid, 2018, 172-173).

artículo 2 de la Constitución de Cádiz, "la Nación española es libre e independiente, y no es ni puede ser patrimonio de ninguna familia ni persona" y, en consecuencia, el Rey no puede "enajenar, ceder, renunciar, o en cualquiera manera traspasar a otro la autoridad real, ni alguna de sus prerrogativas" (artículo 172.3 del mismo texto constitucional)[96]. De ahí que ahora sea el momento de recuperar y ejercer aquellas antiguas y añoradas libertades que habían permanecido olvidadas como consecuencia de los excesos autoritarios de los siglos XVI al XVIII. Esta es, sintéticamente expuesta, la tesis general que sobrevuela los debates.

En el 45 cambian las tornas. Ahora es preciso afirmar que la soberanía reside en el Rey con las Cortes, de acuerdo con nuestra tradición histórica, sin rupturas durante los gobiernos de Austrias y Borbones. De ahí que la tesis dominante sostenga que la verdadera libertad consiste en la labor unificadora y en la capacidad de gobierno conjunto desarrollada a lo largo de nuestra Historia por el monarca junto a los representantes de la nación reunidos en las Cortes, mientras que las potencias disgregadoras procederían de fuerzas de raíz meramente municipal o local defensoras de minúsculas soberanías independientes. Lo primero es sinónimo de civilización, engrandecimiento, orden y justicia. Lo segundo de barbarie, anarquía, menoscabo de las instituciones y peligro para la existencia de la propia Nación. Los instrumentos jurídicos de los primeros son los Códigos, el derecho común, las leyes civiles, la justicia del Rey. Los instrumentos jurídicos de los segundos son los fueros, el derecho privilegiado, las leyes feudales, la justicia de los barones. Para los constituyentes del 45, "la victoria debe pasar ahora a los reales de la potestad central"[97]. En palabras del diputado Ríos Rosas, el "norte y guía en todas las cuestiones" ha sido "el elemento tradicional, el elemento conservador, el elemento de nuestra legislación antigua, en oposición del elemento teórico, el elemento

[96] El mismo Argüelles subraya que "no hay español de aquella época... que reconociera en los Reyes padre e hijo derecho ninguno a traspasar la Corona de España" (DSCC, 11 de abril de 1837, 2653).
[97] DSC, 5 de noviembre de 1844, apéndice, 288.

innovador, el elemento puramente racional, el elemento revolucionario moderno"[98].

Si se nos permite un breve paréntesis presentista (adelantamos nuestras disculpas), desde la perspectiva actual, quizá convenga reseñar que los debates constituyentes del 37 aparecen más plurales (insistimos, a nuestros ojos) que los del 45, con un halo más monolítico. En las discusiones del 37 hubo más espacio para posiciones individuales matizadas y discordantes y la comisión constitucional perdió una votación y en varios casos los resultados fueron bastante igualados (aunque, en general, la mayoría que apoyó a la comisión fue sólida, pero no apabullante). En cambio, los debates del 45 nos muestran una cámara con mayor apoyo gubernamental y más consolidado. Gobierno y comisión constitucional no perdieron una sola votación y son muy escasos los ejemplos de algún diputado que no siguiera el guión, solo hubo algún verso suelto, aislado e incapaz de formar mayorías minoritarias alternativas.

En cuarto lugar, la utilización de los argumentos histórico-jurídicos suele tener una finalidad similar: Reforzar la legitimidad de lo defendido. La tradición llama a la legitimidad, es un timbre más que adorna la legítima justicia de lo adornado con él. En ello no hay ruptura con las concepciones preconstitucionales, cuanto más antiguo algo, más legítimo es, más adornado de las cualidades de la justicia aparece en el panorama de la discusión pública. La Historia jurídica apela preferentemente a la legitimidad. Asimismo, el argumento histórico-jurídico también es utilizado con finalidad de ejemplo, como un modelo de praxis política de lo acontecido que puede alumbrar lo que haya de acontecer. Aquí la Historia juega como maestra de la vida.

Y si la Historia pudiera ser maestra de la vida (cosa dudosa, dado lo flaco de nuestra memoria), quizá convenga recordar que un miércoles 20 de noviembre de 1844, el diputado progresista Orense, marqués de Albaida, clamaba por "un Gobierno que durara mucho años; pero para eso era necesario que supiera ganarse las voluntades del país y que estuviese y

[98] DSC, 2 de diciembre de 1844, 773.

obrase en el sentido de los intereses materiales; pero para eso es menester trabajar y trabajar firmemente, y aquí no se trabaja, y de ahí resulta el descontento, descontento que va aumentando y que trae graves crisis"[99]. Y colorín, colorado, este viaje ha terminado. Concluye aquí nuestro periplo. Nuestro último periplo. Y recuerde, distinguido lector, que, como contó John le Carré en sus memorias, "Alec Guinness murió con su discreción habitual".

[99] DSC, 20 de noviembre de 1844, 542.